中1 5科の完全復習

★中学1年の重要ポイントを効率よく復習できる5教科合本の問題集。

★中学1年で習う範囲の基本的な入試問題で，入試の基礎がためができる。

ストに取り組むと，
完成。

◆この本の最後には「学習記録表」があります。

正の数・負の数

POINT

1 正の数・負の数
①0より大きい数を正の数，0より小さい数を負の数という。
②0は正の数でも負の数でもない。

2 絶対値
①数直線上で，ある数を表す点から原点までの距離《きょり》をその数の絶対値という。

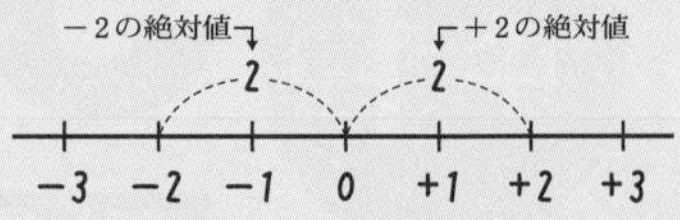

②正の数は絶対値が大きいほど大きく，負の数は絶対値が大きいほど小さい。

3 加法・減法
①加　法…同符号《どうふごう》の2数の和→絶対値の和に共通の符号をつける。
異符号の2数の和→絶対値の差に絶対値の大きいほうの符号をつける。
②減　法…ひく数の符号を変えた数をたすことと同じ。加減が混じった式は減法を加法になおして計算する。

4 乗法・除法
①乗　法…絶対値の積に符号をつける。符号は，負の数が偶数個《ぐうすうこ》なら正，奇《き》数個《すうこ》なら負になる。
②除　法…わる数の逆数をかけることと同じ。乗除が混じった式は除法を乗法になおして計算する。

5 四則計算
累乗《るいじょう》・かっこの中→乗除→加減　の順に計算する。

6 数の集合

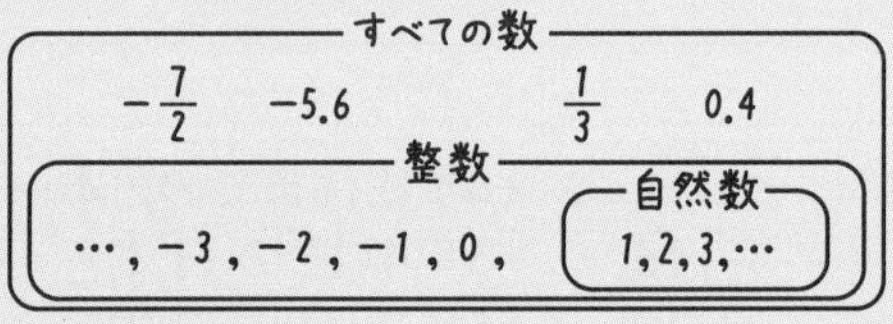

確認問題

時間30分　合格点80点　得点　/100点

解答▶別冊 p.1

1 絶対値，数の大小　次の問いに答えなさい。(2点×5)

(1) 絶対値が3である数をすべて書きなさい。〔岩手〕

(2) 絶対値が5より小さい整数は何個あるか答えなさい。

(3) 次の2数の大小を，不等号を使って表しなさい。

①-3，$+1$　　②-5，-7　　③$-\frac{1}{3}$，$-\frac{2}{5}$

よく出る **2** 加法・減法　次の計算をしなさい。(4点×6)

(1) $-13-5$　　(2) $4-9$　　(3) $-7+12$

(4) $5+(-9)$　　(5) $4-(-8)$　　(6) $-\frac{1}{3}+\frac{5}{7}$

3 **乗法・除法**　次の計算をしなさい。(4点×6)

(1) $6\times(-3)$　　(2) $(-12)\div 6$　　(3) $(-8)\div 2\times 4$　〔宮城〕

(4) $-\dfrac{2}{3}\div\dfrac{4}{9}$　　(5) $\left(-\dfrac{8}{15}\right)\times\left(-\dfrac{3}{4}\right)$　　(6) $\dfrac{7}{4}\div\left(-\dfrac{14}{3}\right)\times\left(-\dfrac{2}{3}\right)^2$

よく出る

4 **四則計算**　次の計算をしなさい。(4点×8)

(1) $2+4\times(-3)$　〔岐阜〕　　(2) $10-12\div(-4)$

(3) $-2^2+(-4)^2$　　(4) $-6^2\div 2-2\times(-3)^2$　〔京都〕

(5) $4+5\div\left(\dfrac{1}{2}-\dfrac{1}{7}\right)$　　(6) $\dfrac{1}{4}-3\times\left(\dfrac{7}{8}-\dfrac{1}{2}\right)$　〔大阪〕

(7) $(-3)^2+7\div\left(-\dfrac{1}{2}\right)$　〔香川〕　　(8) $(-2)^3+(-3^2)\div\dfrac{3}{4}$　〔佐賀〕

5 **素因数分解**　$\dfrac{5880}{n}$ が自然数の平方となるような，もっとも小さい自然数 n の値を求めなさい。(5点)　〔神奈川〕

6 **正の数・負の数の利用**　和男さんは，バスケットボールの試合で，1試合における目標ゴール数を決めている。次の表は，6試合の試合ごとのゴール数を，目標ゴール数より多い場合を正の数，少ない場合を負の数で表したものである。6試合の合計ゴール数が82本であったとき，第1試合のゴール数は何本か，求めなさい。(5点)　〔和歌山〕

試合	第1試合	第2試合	第3試合	第4試合	第5試合	第6試合
目標ゴール数とのちがい(本)	-3	-1	$+8$	$+5$	-4	$+5$

第2日　数学　　月　日

文字と式

POINT

1 文字式の表し方

①積の表し方…「×」ははぶく。

文字×文字→アルファベット順に書く。　$(-1)\times a=-a$

同じ文字の積は累乗《るいじょう》の形で表す。　$0.1\times b=0.1b$（└はぶかない）

数×文字→数を文字の前に書く。　$c\div(-2)=-\frac{c}{2}$ または $-\frac{1}{2}c$

1 や −1 と文字の積では，1 ははぶく。

②商の表し方…「÷」を使わず分数の形で表す。

2 代入と式の値

①代　入…式の中の文字に数をあてはめること。

②式の値…文字に数を代入して計算した結果。

3 1次式の計算

①かっこがあればかっこをはずし，文字の部分が同じ項《こう》はまとめる。

+(　)→そのままかっこをはずす。

−(　)→各項の符号《ふごう》を変えてかっこをはずす。

$a(b+c)=ab+ac$（分配法則）

$5x-(2-x)$
$=5x-2+x$（かっこをはずす）
$=6x-2$（まとめる）

②分数式の加減…2 通りの考え方がある。

$$\frac{x+1}{3}-\frac{x-4}{2}$$

$$\nearrow\ \frac{2(x+1)-3(x-4)}{6}=\frac{2x+2-3x+12}{6}=\frac{-x+14}{6}$$

$$\searrow\ \frac{1}{3}(x+1)-\frac{1}{2}(x-4)=\frac{x}{3}+\frac{1}{3}-\frac{x}{2}+2=-\frac{x}{6}+\frac{7}{3}$$

4 関係を表す式

①等　式…数量の間の関係を等号を使って表した式。

②不等式…数量の間の関係を不等号を使って表した式。（└>，<，≧，≦）

確認問題

時間30分　合格点70点　得点　／100点

解答▶ 別冊 p.2

1 **文字式の表し方**　$3\times a+b\div2$ を，×，÷の記号を使わない式で表すと，$3a+\frac{b}{2}$ となる。

$a\div5\times b$ を，×，÷の記号を使わない式で表しなさい。(5点)　〔大分〕

よく出る **2** **数量の表し方，関係を表す式**　次の問いに答えなさい。(5点×3)

(1) 長さが a m のひもを，すべて同じ長さになるように 8 本に切ったとき，1 本の長さが何 m になるか，a を用いて表しなさい。　〔岩手〕

(2) 1 本 a 円のジュースを 3 本と，1 箱 b 円の菓子《かし》を 4 箱買った。合計金額を 7 人で等分するとき，1 人あたりの代金を a，b を用いて表しなさい。　〔長野〕

(3) 1 個 5 kg の品物 x 個と 1 個 2 kg の品物 y 個の重さの合計は，40 kg 未満だった。このときの数量の関係を不等式で表しなさい。　〔高知〕

3 **式の値** 次の式の値を求めなさい。(5点×4)

(1) $x=3$ のとき，$2x-7$

(2) $a=-5$ のとき，$\dfrac{a}{5}-\dfrac{10}{a}$

(3) $a=-4$，$b=3$ のとき，a^2-2b 〔沖縄〕

(4) $x=-2$，$y=3$ のとき，x^2+2y^2-3y 〔長崎〕

よく出る

4 **文字式の計算** 次の計算をしなさい。(5点×4)

(1) $4a-(9-7a)$ 〔滋賀〕

(2) $3(a-4)+2(5a+6)$

(3) $\dfrac{1}{4}(7x+3)-\dfrac{1}{5}(6x-2)$

(4) $\dfrac{2a-1}{3}-\dfrac{a-2}{5}$

5 **文字式の利用** 右の図のように，1辺1cmの正方形のタイルを並べて，1番目，2番目，3番目，……と図形をつくっていく。このとき，次の問いに答えなさい。(8点×2)

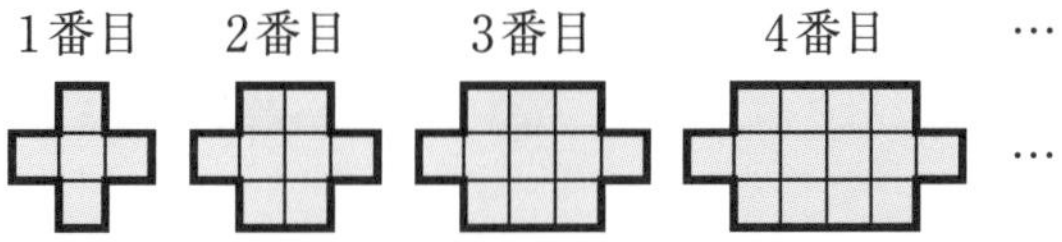

〔石川－改〕

(1) 7番目の図形には，タイルは何枚必要か，求めなさい。

(2) 図の太線は，図形の周を表している。n 番目の図形の周の長さは何cmになるか，n を用いた式で表しなさい。

差がつく

6 **文字式の利用** 右の表のように自然数が規則的に並んでいる。このとき，次の問いに答えなさい。(12点×2)

〔佐賀－改〕

	第1列	第2列	第3列	第4列	第5列	・	・	・
第1行	1	2	5	10	17	・	・	・
第2行	4	3	6	11	18	・	・	・
第3行	9	8	7	12	・	・	・	・
第4行	16	15	14	13	・	・	・	・
・	・	・	・	・	・	・	・	・
・	・	・	・	・	・	・	・	・
・	・	・	・	・	・	・	・	・

(1) 第 n 行で第1列の数を n を用いた式で表しなさい。

(2) 第2行で第16列の数を求めなさい。

1次方程式

POINT

1 方程式と解
文字に，ある値を代入したときだけ成り立つ等式を，その文字についての方程式といい，方程式を成り立たせる文字の値を，その方程式の解という。

2 移《い》項《こう》
一方の辺にある項を，符号《ふごう》を変えて他方の辺へ移すことを，移項するという。

$x-3=5$
移項
$x=5+3$

3 方程式の解き方
①かっこがあればかっこをはずし，係数に小数や分数があれば，両辺を何倍かして整数にする。
小数の場合→両辺に 10，100，…をかける。
分数の場合→両辺に分母の公倍数をかける。
└分母をはらう
② x をふくむ項を左辺に，数の項を右辺に移項する。
③ $ax=b$ の形にして，両辺を a でわる。
└1次方程式

$$\frac{x-1}{2}=\frac{4}{3}x+2$$
$$\left(\frac{x-1}{2}\right)\times6=\left(\frac{4}{3}x+2\right)\times6$$
$$3x-3=8x+12$$
$$3x-8x=12+3$$
$$-5x=15$$
$$x=-3$$

4 比例式の性質
$a:b=c:d$ ならば $ad=bc$

5 方程式の利用
①どの数量を文字でおくか決める。
②等しい数量の関係を見つけて方程式をつくる。
③方程式を解く。
④方程式の解から答えを決める。

方程式の解が
問題に合っているか
確かめよう！

6 よく使う公式
道のり＝速さ×時間，食塩の重さ＝食塩水の重さ×$\dfrac{\text{食塩水の濃度(\%)}}{100}$（濃度《のうど》）

確認問題

時間30分　合格点70点　得点　／100点

解答▶ 別冊 p.3

1 方程式と解　下のア～オの方程式のうち，$x=2$ が解になるものはどれか。ア～オからすべて選び，その記号を書きなさい。(8点)　〔三重〕

ア $x-3=1$　　イ $3x=6$　　ウ $2x+1=5$　　エ $2x-3=x$　　オ $\frac{1}{2}x=1$

よく出る **2** 1次方程式，比例式　次の方程式，比例式を解きなさい。(7点×6)

(1) $5x+3=2x-9$　　(2) $-5x+9=x-15$　　(3) $x-4=8(x+3)$　〔東京〕

(4) $3x-\frac{2}{3}(2x-1)=4$　〔秋田〕　　(5) $3:10=9:x$　　(6) $(5-x):4=7:2$

よく出る **3** **1次方程式の利用** ホットコーヒーが1杯《ぱい》300円，アイスコーヒーが1杯400円の店がある。最高気温が25℃の日には，ホットコーヒーが160杯，アイスコーヒーが30杯売れる。売れる数は，最高気温が1℃上がるごとに，ホットコーヒーが10杯ずつ減り，アイスコーヒーが15杯《はい》ずつ増える。両方の売上額が等しくなる日の最高気温は何℃か求めなさい。

（10点）〔宮城〕

よく出る **4** **1次方程式の利用** Aさんは，410ページある本を1週間で読みきる計画を立てた。月曜日から金曜日までは，毎日同じページ数を読み，土曜日と日曜日は，そのページ数よりさらに30ページずつ多く読むと，ちょうど1週間で読みきることができる。Aさんが，月曜日から金曜日までの1日あたりに読むページ数を求めなさい。（10点）

〔岩手〕

5 **1次方程式の利用** a kmの道のりを時速4 kmで進むのにかかる時間は，$(a+1)$ kmの道のりを時速9 kmで進むのにかかる時間より1時間多い。a の値を求めなさい。（10点）

〔群馬〕

差がつく **6** **1次方程式の利用** 右の図は，ある月のカレンダーを示したものである。このとき，次の問いに答えなさい。（10点×2）

〔福島－改〕

日	月	火	水	木	金	土
					1	2
3	4	5	6	7	8	9
10	11	12	13	14	15	16
17	18	19	20	21	22	23
24	25	26	27	28	29	30
31						

(1) 6　7　8 の例のように，横に並んだ3個の数を  で囲むとき，その和が45になる場合の真ん中の数を求めなさい。

(2) 22 / 28　29　30 の例のように，4個の数を  で囲んだとき，その和が77になった。この場合の4個の数のうち，最も小さい数を求めなさい。

比例と反比例

POINT

❶ 変数と変域

①変 数…いろいろな値をとる文字。

②変 域…変数のとりうる値の範囲《はんい》。

❷ 関 数

ともなって変わる２つの変数 x，y があり，x の値を決めると，それに対応する y の値がただ１つに決まるとき，y は x の関数であるという。

❸ 比 例

①y が x の関数で，$y=ax$（a は定数）で表されるとき，y は x に比例するといい，a を比例定数という。

②グラフ…原点を通る直線。

$(a>0)$

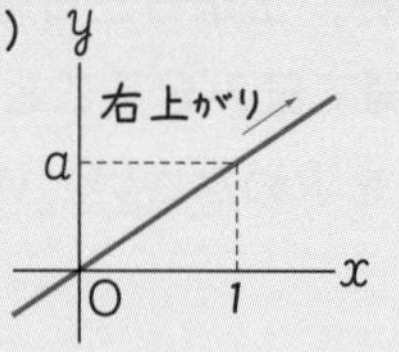

$(a<0)$

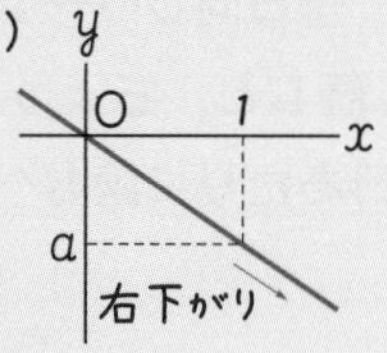

❹ 反比例

①y が x の関数で，$y=\dfrac{a}{x}$（a は定数）で表されるとき，y は x に反比例するという。

②グラフ…原点について対称《たいしょう》な双曲線《そうきょくせん》。
↳なめらかな２つの曲線

$(a>0)$

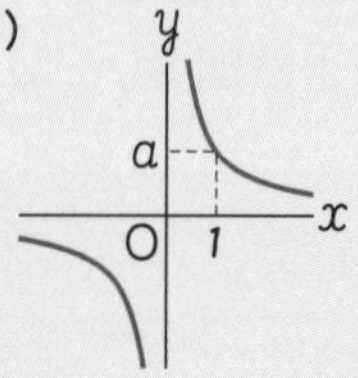

$(a<0)$

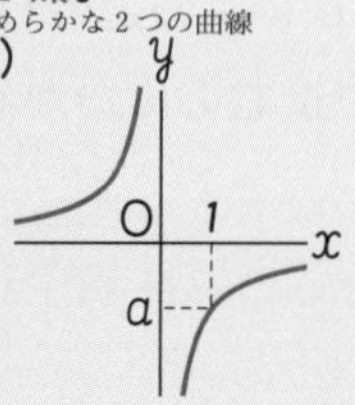

確 認 問 題

時間 30分　合格点 70点

得点　／100点

解答▶ 別冊 p.4

1 **関数，比例・反比例の式** 次の問いに答えなさい。(14点×2)

(1) 次の**ア**～**ウ**の中から y が x の関数であるものを１つ選び，記号で答えなさい。

ア x 歳《さい》の人の体重 y kg

イ 60 km の道のりを時速 x km の速さで進んだときにかかる時間 y 時間

ウ x ページの本を読むのにかかる日数 y 日

(2) 次の**ア**～**エ**の中から y が x に比例するもの，y が x に反比例するものをそれぞれ１つずつ選び，記号で答えなさい。また，そのときの y を x の式で表しなさい。

ア 長さ 50 cm のひもから x cm 切り取ったときの残りの長さ y cm

イ 正方形の１辺の長さ x cm と周の長さ y cm

ウ 半径 x cm の円の面積 y cm^2

エ 面積が 36 cm^2 の平行四辺形の底辺 x cm と高さ y cm

よく出る **2 反比例の式** y は x に反比例し，$x=4$ のとき $y=10$ である。$x=5$ のときの y の値を求めなさい。（10点） 〔山口〕

3 比例・反比例の式とグラフ 次の問いに答えなさい。（10点×2）

(1) $y=2x$ のグラフを，右の図1にかきなさい。 〔福島〕

（図1）

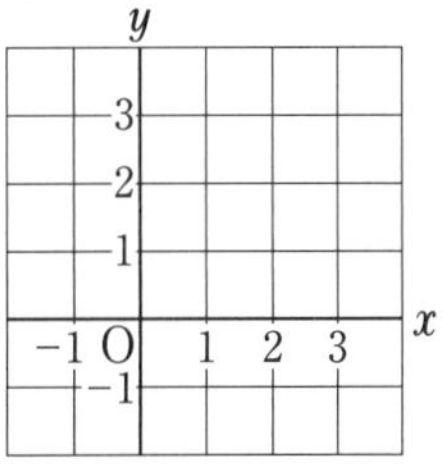

（図2）

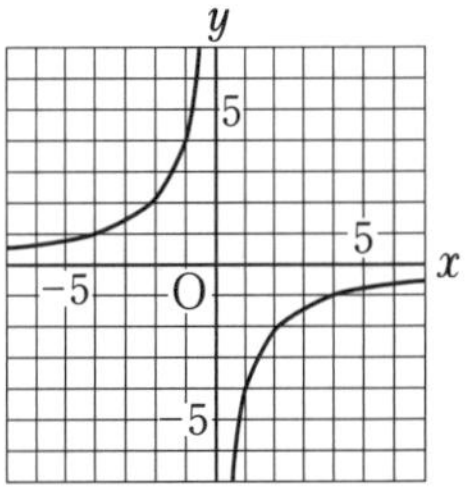

(2) グラフが右の図2の双曲線になる式を，次のア〜エから1つ選びなさい。

ア $y=-4x$　　イ $y=\dfrac{4}{x}$　　ウ $y=\dfrac{1}{4}x$

エ $y=-\dfrac{4}{x}$

よく出る **4 比例の式** あるつるまきばねの下端《かたん》に，いろいろな重さのおもりをつるして，ばねののびの長さを調べたら，右の表のようになった。この表から，おもりの重さを x g とし，のびの長さを y mm として，y を x の式で表しなさい。（12点）

おもりの重さ (g)	10	20	30	40	50
のびの長さ (mm)	12	24	36	48	60

5 反比例のグラフと変域 x の変域が $x>0$ のとき，$y=\dfrac{6}{x}$ のグラフを右の図にかきなさい。また，x の変域が $1 \leqq x \leqq 4$ のときの y の変域を求めなさい。（14点）

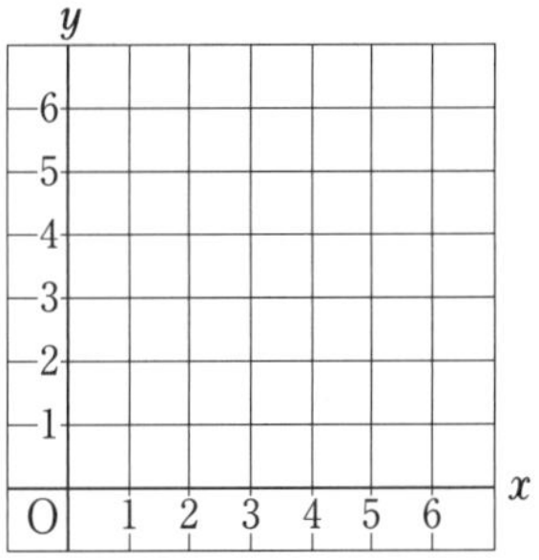

差がつく **6 反比例のグラフ** 右の図において，2点A，Bは反比例 $y=\dfrac{a}{x}$ $(a>0)$ のグラフ上にあり，点Aの x 座標は1，点Bの x 座標は3である。A，Bから x 軸《じく》に垂線をひき，x 軸との交点をそれぞれP，Qとする。四角形APQBの面積が4であるとき，a の値を求めなさい。（16点） 〔山形〕

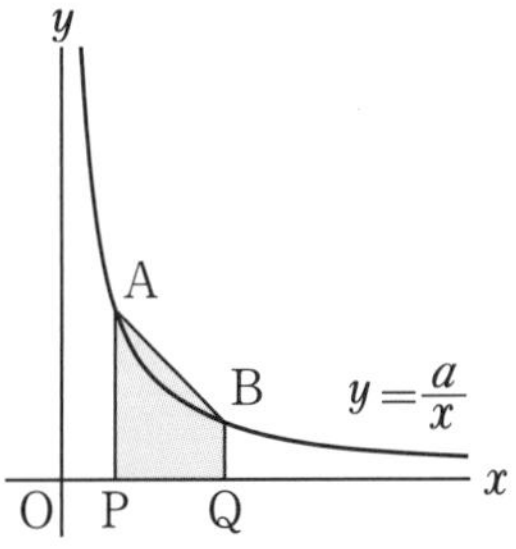

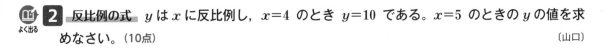

第5日

数学　　月　日

平面図形

POINT

❶ 図形の移動

①平行移動

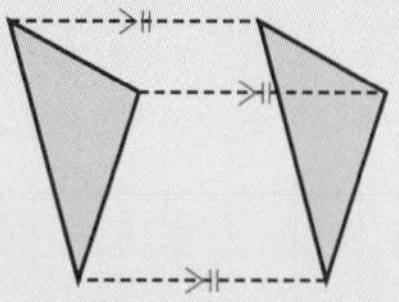

②回転移動

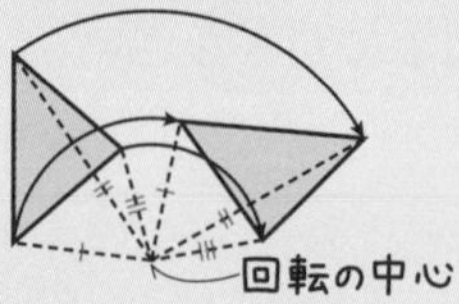

③対称《たいしょう》移動《いどう》

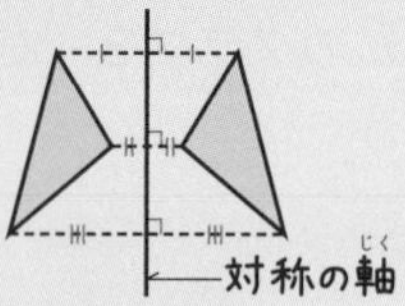

❷ 基本の作図

①線分 AB の垂直二等分線

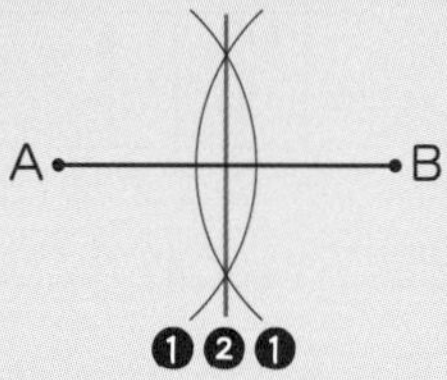

2点A，Bから等しい距《きょ》離《り》にある点の集まり

②∠XOY の二等分線

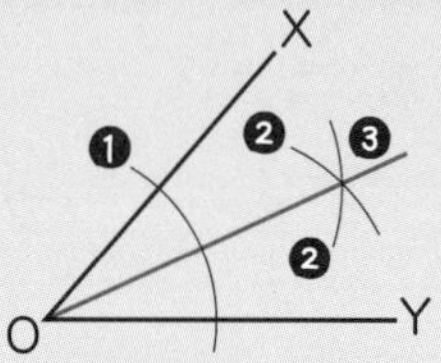

2辺OX，OYから等しい距離にある点の集まり

③直線 ℓ 上にある点Pを通る ℓ の垂線

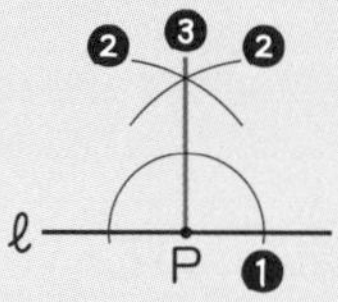

④直線 ℓ 上にない点Pを通る ℓ の垂線

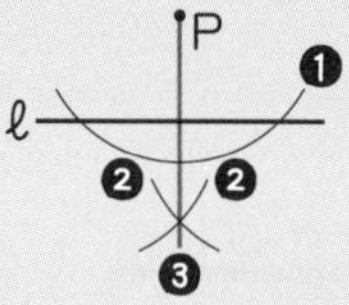

❸ おうぎ形の弧《こ》の長さと面積

半径 r，中心角 $x°$ のおうぎ形の弧の長さを ℓ，面積を S とすると，

$\ell=2\pi r\times\frac{x}{360}$，$S=\pi r^2\times\frac{x}{360}=\frac{1}{2}\ell r$

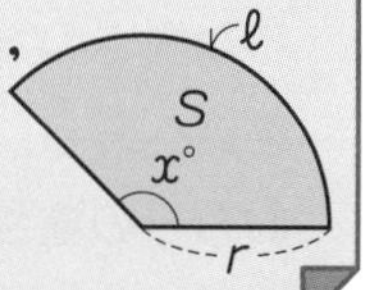

確認問題

時間30分　合格点70点

得点　　／100点

解答▶ 別冊 p.5

1 図形の移動　右の図形を，点Oを中心として時計回りに180°だけ回転移動させた図形をかきなさい。(10点)

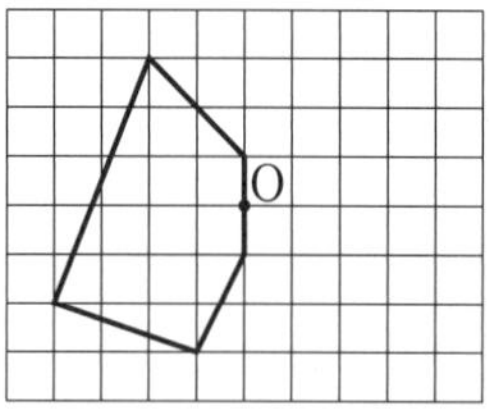

2 図形の移動　右の図のように，長方形ABCDの各辺の中点を順にE，F，G，H，対角線の交点をOとする。このとき，次の問いに答えなさい。(8点×2)

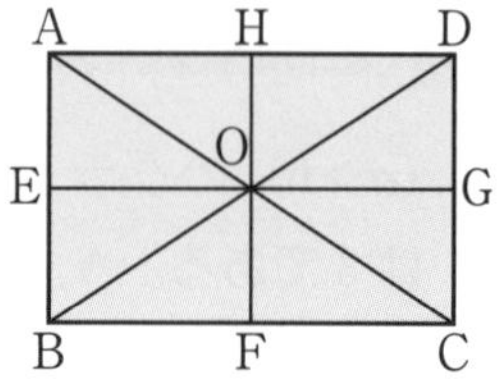

(1) △OAE を平行移動させたときに重なる三角形を答えなさい。

(2) △OHD を，点Oを回転の中心として回転移動させたときに重なる三角形を答えなさい。

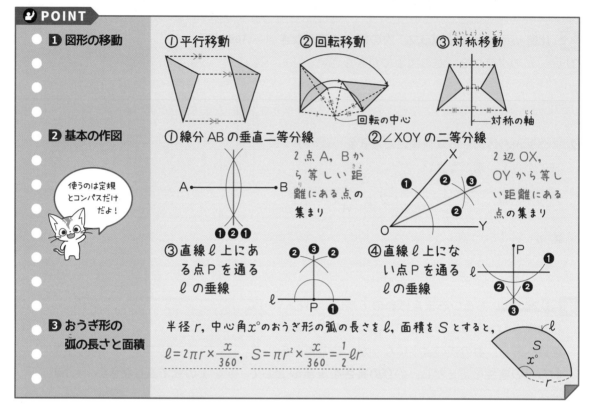

よく出る
3 **いろいろな作図** 右の図で，頂点 A を通り，△ABC の面積を二等分する直線を，定規とコンパスを用いて作図しなさい。ただし，作図に用いた線は消さないこと。(10点) 〔東京〕

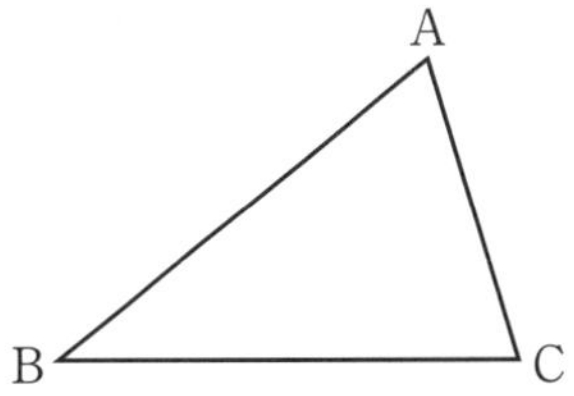

4 **いろいろな作図** 右の図で，線分 AB 上に点 P，線分 BC 上に点 Q，線分 CA 上に点 R があるひし形 PBQR を，定規とコンパスを用いて作図しなさい。なお，作図に用いた線は消さずに残しておくこと。(10点) 〔三重〕

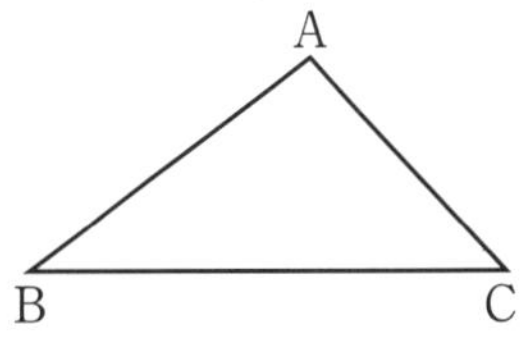

よく出る
5 **いろいろな作図** 右の図 1 のような平行四辺形 ABCD がある。この平行四辺形を図 2 のように，頂点 B が頂点 D に重なるように 2 つに折ったときにできる折り目 PQ を作図しなさい。ただし，作図には定規とコンパスを使い，また，作図に用いた線は消さないこと。(10点) 〔栃木〕

(図 1)
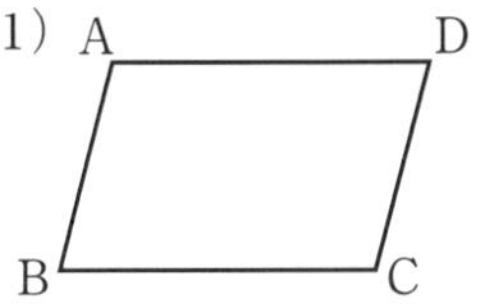

(図 2)
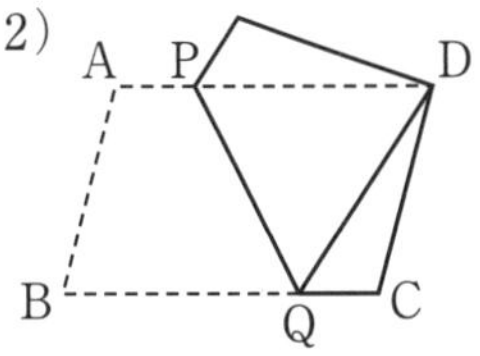

よく出る
6 **図形の周の長さと面積** 半径 12 cm，中心角 120° のおうぎ形がある。このおうぎ形から，右の図のように，半径 6 cm，中心角 120° のおうぎ形を取り除いてできる図形について，次の問いに答えなさい。ただし，円周率は π とする。(10点×2)

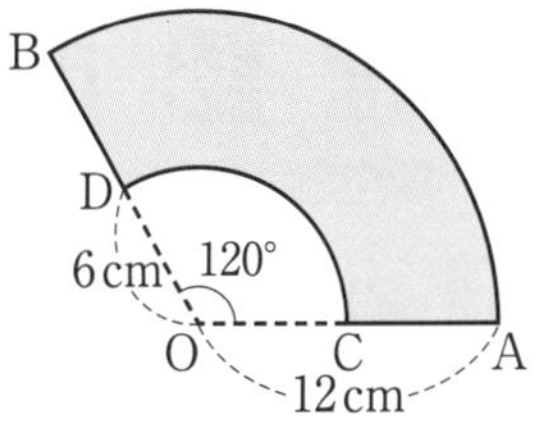

(1) 周の長さを求めなさい。

(2) 面積を求めなさい。

7 **図形の周の長さと面積** 右の図は，半径が 6 cm，中心角が 90° のおうぎ形と，直径が 6 cmの半円を 2 つ組み合わせた図形である。このとき，次の問いに答えなさい。ただし，円周率は π とする。(12点×2)

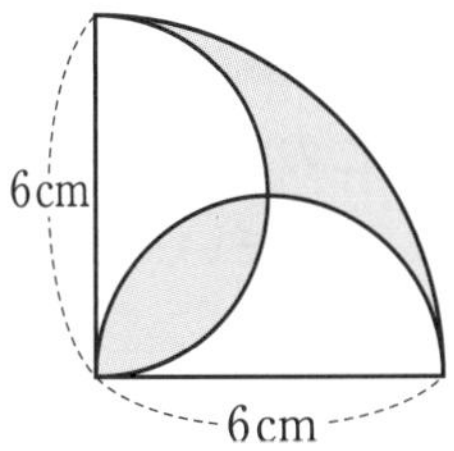

(1) 図の色のついた部分の周の長さを求めなさい。

(2) 図の色のついた部分の面積を求めなさい。

空間図形

POINT

1 2直線の位置関係

①交わる　②平 行　③ねじれの位置にある

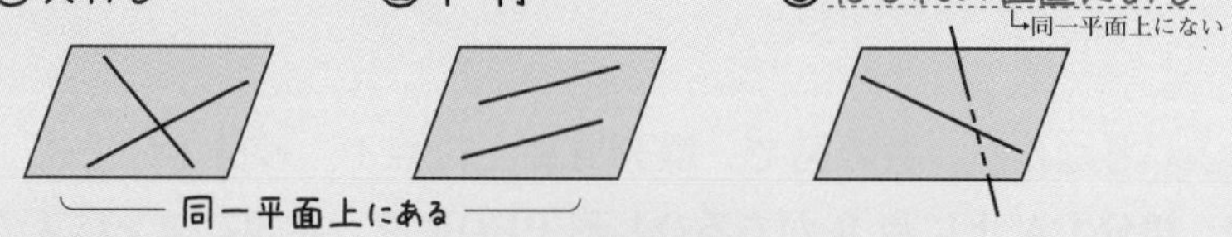

2 回転体，投影図《とうえいず》

①回転体　②投影図

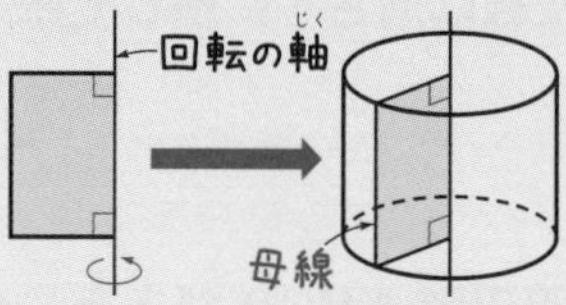

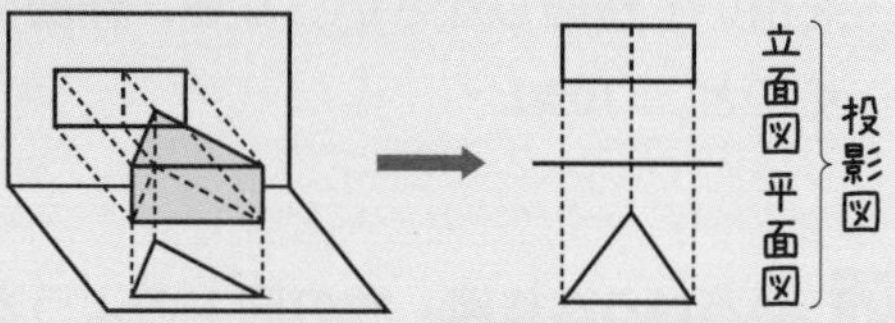

3 立体の体積

①角柱・円柱の体積…底面積×高さ

②角錐《かくすい》・円錐の体積…$\frac{1}{3}$×底面積×高さ

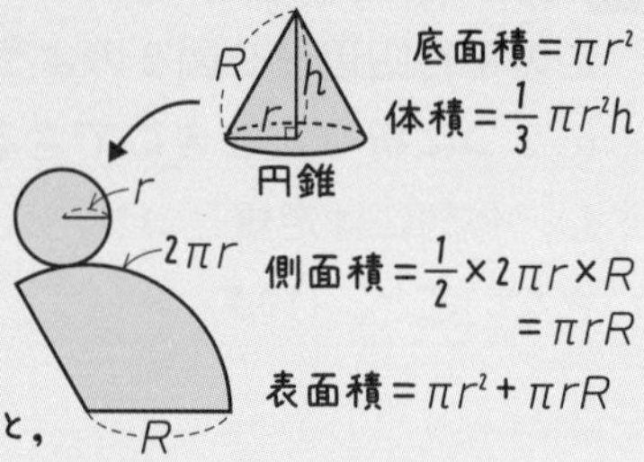

4 立体の表面積

①角柱・円柱の表面積…底面積×2＋側面積

②角錐・円錐の表面積…底面積＋側面積

5 球の体積と表面積

半径 r の球の体積を V，表面積を S とすると，

$V=\frac{4}{3}\pi r^3$，$S=4\pi r^2$

確認問題

時間30分　合格点70点　得点　／100点

解答▶ 別冊 p.6

よく出る **1** **2直線の位置関係** 右の図のような直方体がある。線分 AC とねじれの位置にある辺は何本あるか，答えなさい。(10点)

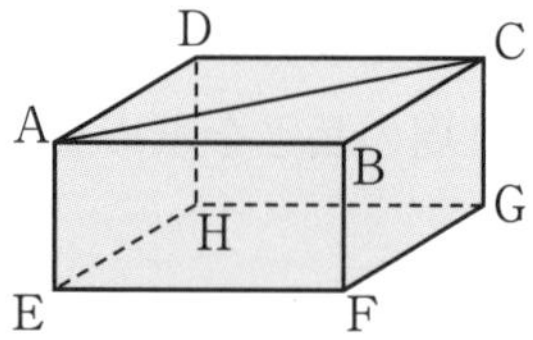

よく出る **2** **回転体の体積** 右の図は，底辺 5 cm，高さ 6 cm の直角三角形である。この直角三角形を，直線 ℓ を軸として1回転させてできる立体の体積を求めなさい。ただし，円周率は π とする。(12点)　〔富山〕

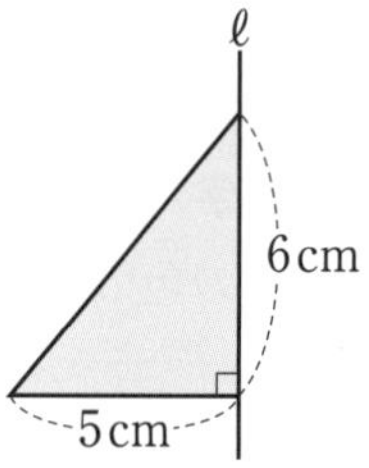

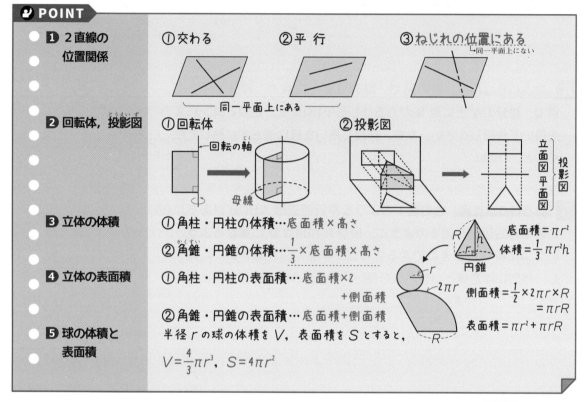

3 **投影図** 右の図は，三角柱の投影図である。この三角柱の表面積を求めなさい。（14点）

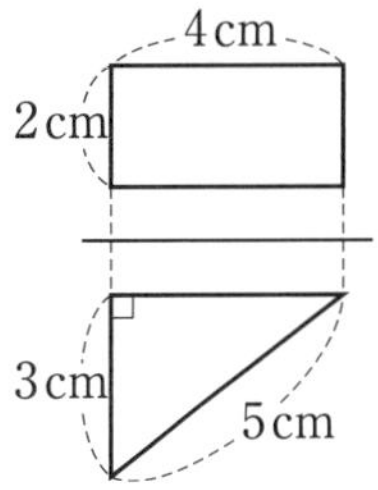

4 **角錐の体積** 右の図のように，立方体の１つの面の各辺の中点と，その面に平行な面の対角線の交点を頂点とする正四角錐がある。立方体の１辺が 12 cm のとき，この正四角錐の体積を求めなさい。（16点）

〔秋田－改〕

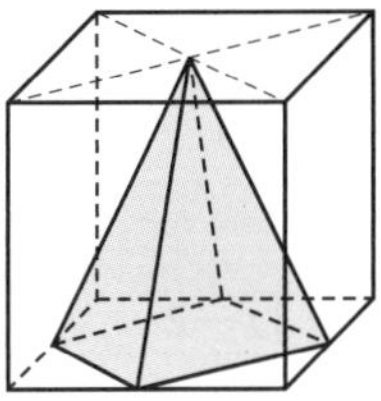

5 **球と円柱** 右の図のように，円柱の形をした容器に球がぴったり入っている。円柱の形をした容器の底面の半径が 4 cm のとき，球の表面積と円柱の側面積の比を求めなさい。（16点）

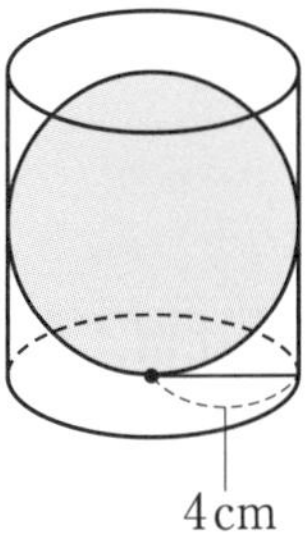

差がつく

6 **立方体と展開図** 右の図１は，１辺の長さが 6 cm の立方体の容器 ABCD−EFGH に水をいっぱいに入れたものであり，点 P は辺 AE の中点，点 Q は辺 DH の中点である。図２のように，図１の容器を静かに傾《かたむ》けて，水面が四角形 PBCQ になるまで水をこぼした。また，図３は図１の容器の展開図であり，図中の・は各辺の中点である。このとき，次の問いに答えなさい。ただし，容器の厚さは考えないものとする。（16点×2） 〔鹿児島〕

（図１）

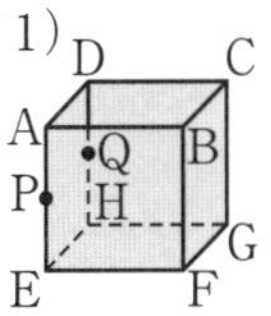

（図２）

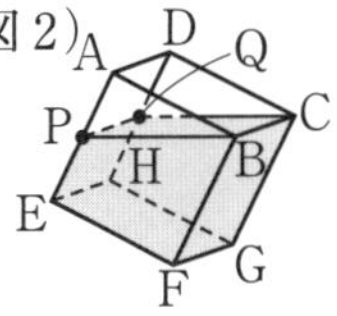

（図３）

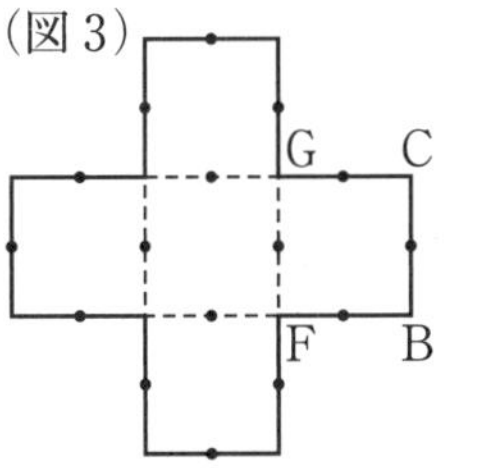

(1) 容器に残った水の体積は何 cm^3 か求めなさい。

(2) 四角形 PBCQ の４辺のうち，辺 BC 以外の３辺を図３に実線で示しなさい。ただし，各点の記号 P，B，C，Q は書かなくてもよい。

仕上げテスト

月　日

時間 40分　合格点 70点

得点　／100点

解答▶ 別冊 p.7

1 次の問いに答えなさい。(5点×5)

(1) $7+3\times(-5)$ を計算しなさい。〔福岡〕

(2) $(-3)^2-12\div\dfrac{3}{2}$ を計算しなさい。〔香川〕

(3) $\dfrac{3x-2}{2}-\dfrac{x-3}{4}$ を計算しなさい。〔福井〕

(4) 方程式 $0.2(x-2)=x+1.2$ を解きなさい。〔千葉〕

(5) 比例式 $(x-3):8=3:2$ を満たす x の値を求めなさい。〔愛知〕

2 次の問いに答えなさい。(5点×3)

(1) シュークリームを 20 個買おうと思っていたが，持っていたお金では 140 円足りなかったので，18 個買ったところ 120 円余った。持っていたお金はいくらか，求めなさい。〔愛知〕

(2) y は x に比例し，$x=3$ のとき $y=-6$ となる。$x=-5$ のとき，y の値を求めなさい。〔北海道〕

(3) 右の図のように，線分 AB と，線分 AB 上にない点 C がある。AB を直径とする円の周上にあって，C からの距離《きょり》が最も短くなる点 P を，定規とコンパスを使って作図しなさい。なお，作図に用いた線は消さずに残しておくこと。〔熊本〕

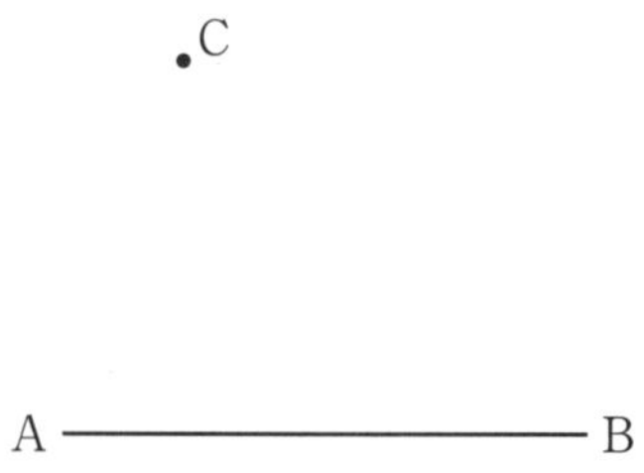

❸ 右の図のように，関数 $y=\dfrac{a}{x}$ ……㋐ のグラフ上に 2 点 A，B があり，関数㋐のグラフと関数 $y=2x$ ……㋑ のグラフが，点 A で交わっている。点 A の x 座標が 3，点 B の座標が $(-9,\ p)$ のとき，次の問いに答えなさい。（10点×2）　〔三重〕

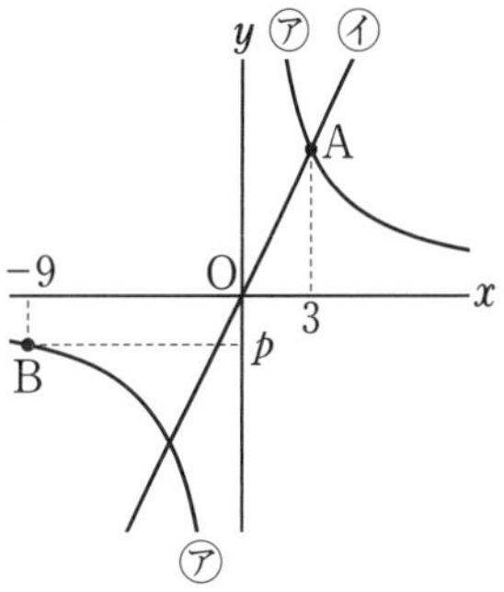

(1) a，p の値を求めなさい。

(2) 関数㋐について，x の変域が $1 \leqq x \leqq 5$ のときの y の変域を求めなさい。

❹ 右の図のように，底面の半径が 5 cm，高さが 12 cm の円柱がある。この円柱の体積と表面積を，次のように求めるとき，［(1)］～［(4)］に当てはまる値を，それぞれ書きなさい。ただし，円周率は π とする。（5点×4）　〔北海道〕

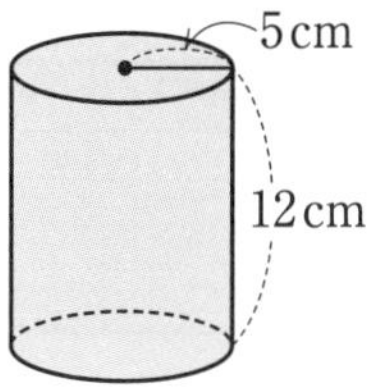

円柱の底面の半径は 5 cm だから，1 つの底面の面積は，［(1)］cm^2 である。
よって，この円柱の体積は，［(2)］cm^3 である。
また，側面積は，［(3)］cm^2 であるから，この円柱の表面積は，［(4)］cm^2 である。

❺ 右の表は，あるクラスの生徒 35 人それぞれについて，1 か月間の読書時間の合計を調べ，その結果を度数分布表に整理したものである。次の問いに答えなさい。（10点×2）　〔宮城〕

階級（時間）	度数（人）
以上　未満 0 ～ 5	1
5 ～10	4
10～15	6
15～20	9
20～25	7
25～30	5
30～35	3
計	35

(1) このクラスの生徒 35 人を 1 か月間の読書時間の合計の多い順に並べると，多い方から 10 番目にくる生徒は，右の度数分布表のどの階級に入っているか答えなさい。

(2) 15 時間以上 20 時間未満の階級の相対度数を，小数第 3 位を四捨五入して求めなさい。

世界と日本のすがた

POINT

❶ 世界のすがた

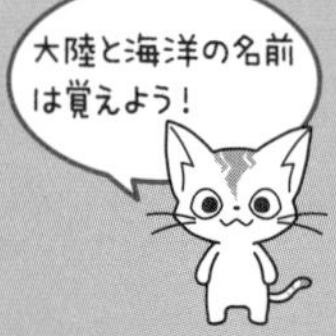

①地球儀《ちきゅうぎ》…地球を縮小した模型，面積・距離《きょり》・方位・形などが正確に表される

②大陸と海洋…六大陸→ユーラシア・アフリカ・北アメリカ・南アメリカ・オーストラリア・南極大陸
↳陸地と海の割合はおよそ 3：7
三大洋→太平洋・大西洋・インド洋

③六 州…アジア・ヨーロッパ・アフリカ・北アメリカ・南アメリカ・オセアニア州
↳東・東南・南・中央・西アジア

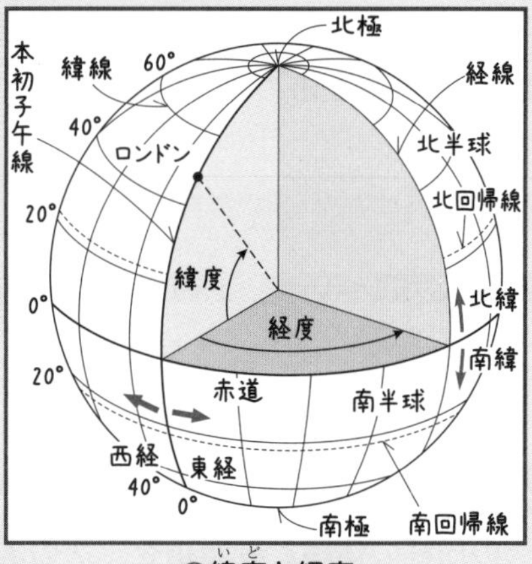

⬆緯度《いど》と経度

❷ 日本のすがた

①時 差…日本の標準時子午線は東経135度。経度15度で1時間の時差

②領 域…領土，領海，領空からなる。領海の外側に排他的経済水域《はいたてきけいざいすいいき》
↳水産・鉱産資源は沿岸国に権利

確認問題

時間 30分　合格点 70点

得点　/100点

解答▶ 別冊 p.8

1 よく出る **世界地図** 次の問いに答えなさい。（10点×2）

(1) ユーラシア大陸，オーストラリア大陸，南極大陸，アフリカ大陸の4つの大陸に囲まれた大洋を何というか，書きなさい。〔　　　　〕

(2) 次のア～エのうち，南アメリカ大陸，アフリカ大陸，赤道の位置関係を正しく表しているものはどれか。1つ選び，記号で答えなさい。〔　　〕〔栃木〕

ア　イ　ウ　エ

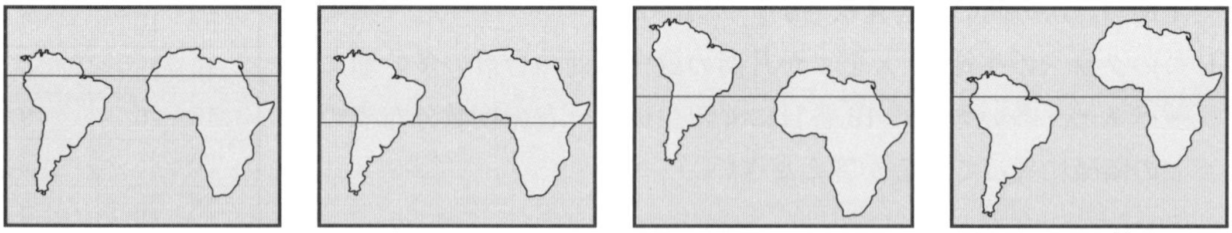

2 **世界地図，日本のすがた** 次の地図を見て，あとの問いに答えなさい。地図中の緯線《いせん》と経線は，いずれも30度間隔《かんかく》である。（8点×5）

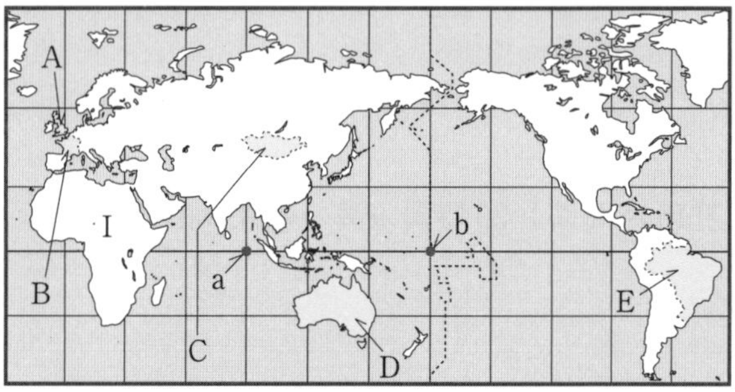

(1) 地図中のⅠは六大陸の1つである。Ⅰの大陸の名称《めいしょう》を書きなさい。
〔　　　　大陸〕〔新潟－改〕

(2) 世界は大きく6つの州に分けられる。地図中のDの国が属する州の名称を書きなさい。〔　　　　州〕〔鹿児島〕

(3) 地図中の地点 a，b は，それぞれ赤道上にある。地点 a，b 間の距離《きょり》は，実際には約何 km か。次の**ア〜エ**から 1 つ選び，記号で答えなさい。ただし，赤道の全周は約 4 万 km とする。

〔　　　〕

ア 約 50000 km　　**イ** 約 10000 km
ウ 約 15000 km　　**エ** 約 20000 km　　〔新潟ー改〕

(4) 地図中の A〜E の国は，それぞれ主権をもつ国家である。主権が及《およ》ぶ範囲《はんい》を領域という。領域に関して，次の文中の [X]，[Y] にあてはまる数字の組み合わせを，あとの**ア〜エ**から 1 つ選び，記号で答えなさい。また，[　　] にあてはまる語句を書きなさい。

〔　　　・　　　〕

> 領域は，領土，領海，領空からなっている。領海の範囲は，[X] 海里である。また，領土の外側から [Y] 海里までを [　　] といい，魚や石油などの資源は，沿岸国のものにすることができる。領空は，一般的《いっぱんてき》に領土，領海の上空で，大気圏《けん》内とされている。

ア X—12，Y—100　　**イ** X—12，Y—200
ウ X—24，Y—100　　**エ** X—24，Y—200　　〔茨城〕

(5) 日本が 1 月30日の午前10時のとき，地図中の A〜E の国の中で 1 月30日ではない国はどこか。A〜E から 1 つ選び，記号で答えなさい。ただし，サマータイムについては考えないものとする。　〔　　　〕〔茨城〕

差がつく **3** 世界地図，世界の国々　地図を見て，次の問いに答えなさい。(10点×4)

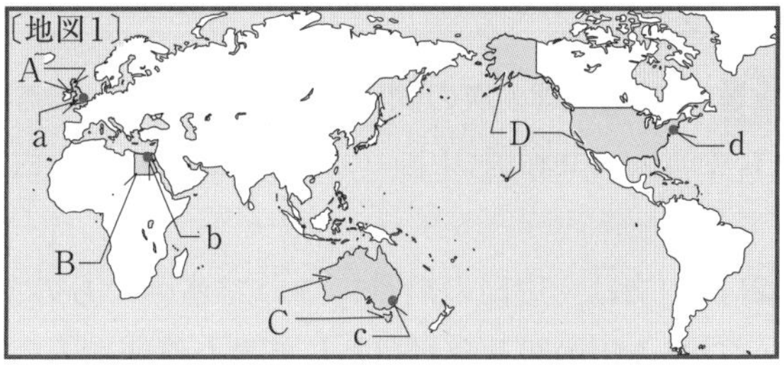

(1) 地図 1，2 から読み取れることを述べた文として適切なものを，次の**ア〜エ**から 1 つ選び，記号で答えなさい。

ア 東京から地図 1 中の b へ最短ルートで航行した場合，北極点を通過する。
イ 地図 1 中の a〜d はいずれも東京から 5000 km 以上離《はな》れている。
ウ A を通る本初子午線は，地図 1，2 ともに直線で描《えが》かれる。
エ 地図 1，2 ともに A〜D の面積はすべて正しく示されている。　〔　　　〕〔静岡〕

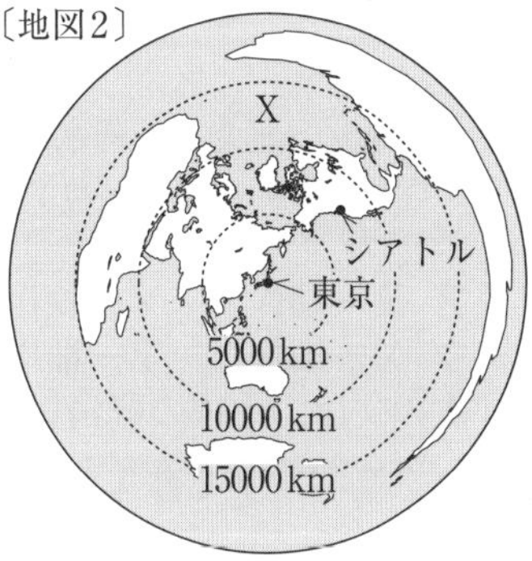

(2) 地図 2 の X は，世界の三海洋（三大洋）のうちの 1 つである。その名称《めいしょう》を書きなさい。〔　　　　　〕〔静岡〕

(3) 東京から航空機で東に向かって出発したとき，最初に到達《とうたつ》する大陸の名称を書きなさい。〔　　　　　大陸〕〔静岡〕

(4) 地図 2 中のシアトルは，東京からみるとどの方位か。8 方位で書きなさい。

〔　　　〕〔山口ー改〕

世界のさまざまな地域 (1)

POINT

1 世界の宗教

①キリスト教…ヨーロッパや南北アメリカを中心に世界の約 3 割が信仰《しんこう》
↳教典は『聖書』
②イスラム教…西アジアから北アフリカにかけて多く信仰
↳教典は『コーラン』

2 東アジア

中華《ちゅうか》人民共和国→世界最大の人口，北の畑作・南の稲作《いなさく》，朝鮮《ちょうせん》半島→北緯《ほくい》38度線で分断
↳東部に集中

3 東南アジア

季節風(モンスーン)を利用した稲作，プランテーション，ASEAN《アセアン》(東南アジア諸国連合)

⇧東南アジアの国々

4 南アジア

農 業…米・小麦・綿花・茶　工業…インドで情報通信技術(ICT)産業が成長

5 西アジア

石 油…ペルシア湾《わん》沿岸一帯に豊富な埋蔵《まいぞう》量，OPEC《オペック》(石油輸出国機構)の設立

6 ヨーロッパ

①気 候…西ヨーロッパは北大西洋海流と偏《へん》西風《せいふう》の影響《えいきょう》で高緯度のわりに温和
②EU(ヨーロッパ連合)…27か国が加盟(2021年)，共通通貨ユーロを導入
↳2016年イギリスは国民投票でEUからの離脱を決め，2020年に離脱した
③農 業…アルプス山脈より南で地中海式農業，北で混合農業。スイスなどで酪農《らくのう》
穀物栽培と牧畜を組み合わせたもの↵

確認問題

時間30分　合格点70点　得点　/100点

解答▶ 別冊 p.9

1 中国の地理　次の問いに答えなさい。(10点×3)　よく出る

(1) 中華人民共和国(中国)の人口の90%以上を占《し》める民族名を書きなさい。〔　　　　〕
〔沖縄一改〕

(2) 次の文は，中国の農業について述べたものである。文中の［ X ］，［ Y ］，［ Z ］にあてはまる語の組み合わせとして最も適切なものを，あとの**ア**～**エ**から１つ選び，記号で答えなさい。〔　　〕〔千葉〕

> 東北・華北《かほく》など降水量の少ない北部では［ X ］が中心，華中・華南など降水量の多い南部では［ Y ］が中心，乾燥《かんそう》した西部(内陸部)では［ Z ］が中心となっている。

ア　X―畑作　Y―牧畜《ぼくちく》　Z―稲作　**イ**　X―稲作　Y―畑作　Z―牧畜
ウ　X―畑作　Y―稲作　Z―牧畜　**エ**　X―稲作　Y―牧畜　Z―畑作

(3) 次の文は，中国の経済について述べたものである。文中の［　　］に共通してあてはまる適切な語を漢字４字で書きなさい。〔　　　　〕〔千葉〕

> この国では，1979年以降，特別な法律が適用される地域である［　　　］をつくり，沿岸部のシェンチェンなどが指定された。［　　　］を設けた目的は，税金を軽くすることなどにより，外国の高度な技術や資金を導入して経済を発展させることであった。

よく出る **2** **東・東南アジアの地理** **地図を見て，次の問いに答えなさい。**（10点×4）

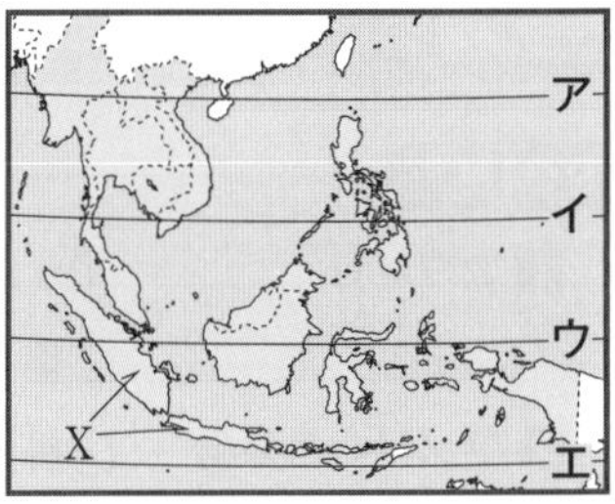

(1) 地図中に示したア～エの緯線《いせん》のうち，赤道を選んで記号で答えなさい。　〔　　〕〔和歌山－改〕

(2) 地図中の　　で示した国々で構成されている，地域協力を目的とした組織を，次のア～エから１つ選び，記号で答えなさい。　〔　　〕

ア APEC《エイペック》　**イ** ASEAN《アセアン》　**ウ** EU　**エ** OPEC《オペック》　〔福井－改〕

(3) 右の資料は，ある農産物の生産量(2018年)と輸出量(2017年)の順位を示したものである。(　A　)～(　C　)にあてはまる語句の組み合わせとして最も適切なものを，次のア～エから１つ選び，記号で答えなさい。　〔　　〕

(　A　)に関する統計		
	(　B　)量	(　C　)量
1位	中国	インド
2位	インド	タイ
3位	インドネシア	ベトナム
4位	バングラデシュ	アメリカ合衆国
5位	ベトナム	パキスタン

(2020/21年版「世界国勢図会」)

ア　A―米　B―生産　C―輸出
イ　A―米　B―輸出　C―生産
ウ　A―小麦　B―生産　C―輸出
エ　A―小麦　B―輸出　C―生産
〔福井－改〕

(4) 地図中のX国で最も信者の多い宗教の特徴《とくちょう》として最も適切なものを，次のア～エから１つ選び，記号で答えなさい。　〔　　〕

ア　イスラム教で，牛肉を食べない。　**イ**　イスラム教で，豚肉《ぶたにく》を食べない。
ウ　ヒンドゥー教で，牛肉を食べない。　**エ**　ヒンドゥー教で，豚肉を食べない。　〔福井－改〕

3 **EU諸国** **次のA～Fの略地図は，ヨーロッパの国のうち６か国を同じ縮尺で示したものである。また，●印はそれぞれの国の首都を示したものである。これらの略地図を見て，あとの問いに答えなさい。**（10点×3）

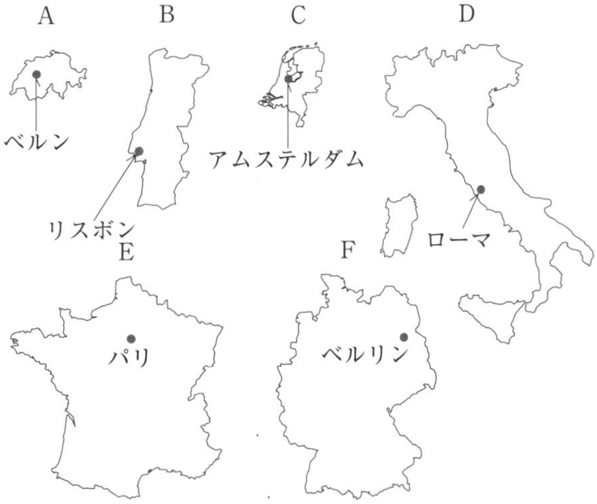

(1) 次の①・②の文で述べている国はどこか。A～Fの国からそれぞれ選び，記号で答えなさい。
①〔　　〕②〔　　〕

①この国は，面積が約30万 km² あり，地中海に面した半島国である。国土の大部分は地中海性気候で，ぶどう・オリーブなどが栽培《さいばい》されている。また，北部と南部の地域においては経済格差が大きい。

②この国の面積は約４万 km² で，日本の九州ほどの広さである。ライン川の河口域に位置し，国土の４分の１が海面よりも低く，園芸農業や酪農《らくのう》が営まれている。

(2) A～Fの国の中でEU(ヨーロッパ連合)に加盟していない国はどれか。１つ選び，記号で答えなさい。　〔　　〕

世界のさまざまな地域 (2)

POINT

1 アフリカ

①ほとんどの国が第二次世界大戦後に独立，モノカルチャー経済
↳特定の鉱産資源や農作物の輸出にたよる経済
②鉱産資源…ナイジェリアの石油，南アフリカ共和国の金・ダイヤモンド

2 アメリカ合衆国

①農 業…世界一の農産物の輸出国，適地適作
②工 業…世界有数の工業国，
↳自動車工業・鉄鋼業が盛えた
五大湖沿岸，サンベルト，
↳北緯37度以南の地域
シリコンバレー
↳ハイテク産業が集中

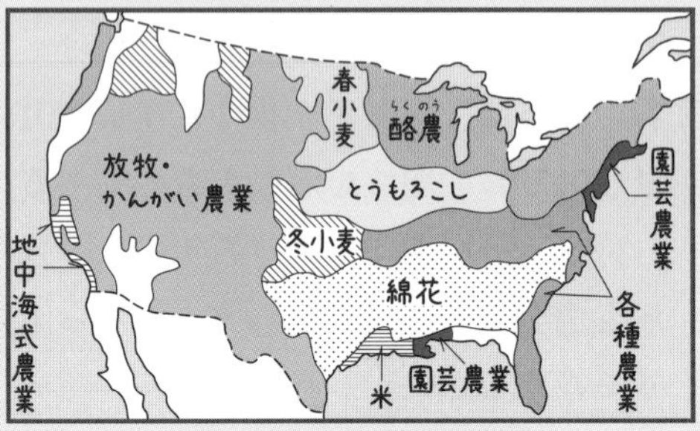

⬆アメリカ合衆国の農業

3 南アメリカ

①自 然…アマゾン川流域に密林が広がる
↳流域面積世界最大
↳熱帯雨林
②資 源…石油(ベネズエラ)，銀(メキシコ)，銅(チリ)，鉄鉱石(ブラジル)
③産 業…コーヒー(ブラジル，コロンビア)，鉄鋼・自動車・バイオエタノール(ブラジル)

4 オセアニア

オーストラリア…先住民のアボリジニ，多文化社会をめざす，世界一の羊毛輸出国，石炭・鉄鉱石・ボーキサイト

確認問題

時間30分　合格点70点　得点 /100点

解答▶ 別冊 p.9

1 **アメリカ合衆国の自然と農業** あとの問いに答えなさい。

(1) 北アメリカ大陸の中央平原を流れ，メキシコ湾《わん》に注ぐ河川《かせん》として適切なものを，次の**ア**～**エ**から1つ選び，記号で答えなさい。(5点)　〔　　〕

ア ドナウ川　**イ** ライン川　**ウ** ミシシッピ川　**エ** アマゾン川　〔兵庫〕

(2) アメリカ合衆国では，a各地の地形や気候，社会的条件に合わせた農産物を集中的に栽培《さいばい》しており，b(**ア** アパラチア　**イ** ロッキー　**ウ** アンデス)山脈の東側に広がるグレートプレーンズやプレーリーでは，牧畜《ぼくちく》や小麦，とうもろこしなどの栽培が行われている。下線部aのことを何というか，漢字4字で書きなさい。また，bの**ア**～**ウ**から適切なものを1つ選び，記号で答えなさい。(8点×2)　a〔　　〕　b〔　　〕　〔熊本〕

記述式 (3) 下の表から読み取れる，中国と比較《ひかく》したアメリカ合衆国の農産物の生産量と輸出量の関係を書きなさい。(10点)

〔　　〕

	小麦		米		とうもろこし	
	生産量	輸出量	生産量	輸出量	生産量	輸出量
アメリカ合衆国	47461	28733	8084	4776	397603	53507
中　国	134403	603	212676	1739	259071	474

(2017年)(単位：千t)　(2020/21年版「世界国勢図会」)　〔熊本一改〕

よく出る

2 北アメリカ，南アメリカの産業　次の略地図はアメリカ合衆国の一部を示したものである。略地図を見て，あとの問いに答えなさい。（7点×6）

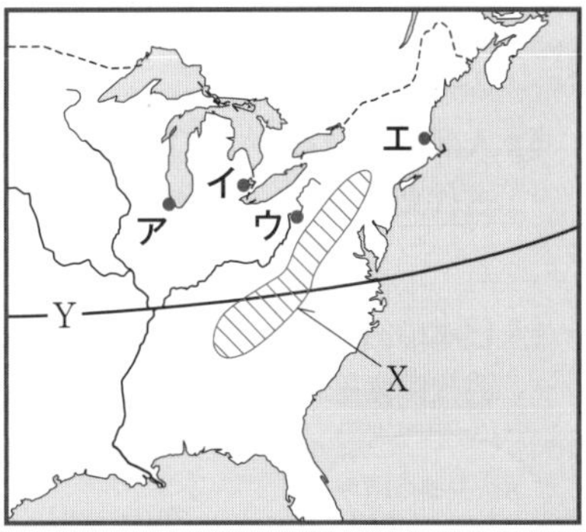

(1) 略地図中の山脈X付近は，石炭資源が豊富である。この山脈名を何というか，書きなさい。〔　　　　〕

(2) アメリカ合衆国の工業都市の中で，自動車工業によって大きく発展した都市はどこか，その位置を，略地図中の**ア**～**エ**から1つ選び，記号で答えなさい。〔　　〕

(3) 略地図中のYは，北緯《ほくい》37度線を示している。これより南の地域では，安くて広大な土地と豊富な労働力を生かしてハイテク産業が発達した。この地域を何というか，書きなさい。〔　　　　〕

(4) アメリカ合衆国の企業《きぎょう》の中には，世界各地に工場や支店をもち，国境をこえて活動しているものが少なくない。このような企業を何というか，書きなさい。〔　　　　〕

(5) アメリカ合衆国では，スペイン語を話すメキシコなどからの移民が増えており，農業に従事したり，建設現場などで働いたりしている人が少なくない。このようなスペイン語を話す移民を何というか，書きなさい。〔　　　　〕

(6) ブラジルでは，石油の代替《だいたい》エネルギーとしてさとうきびから自動車などのアルコール燃料をつくり利用している。このように植物を原料につくられる燃料のことを何というか，書きなさい。〔　　　　〕〔佐賀－改〕

差がつく

3 オセアニアの地理　地図を見て，各問いに答えなさい。

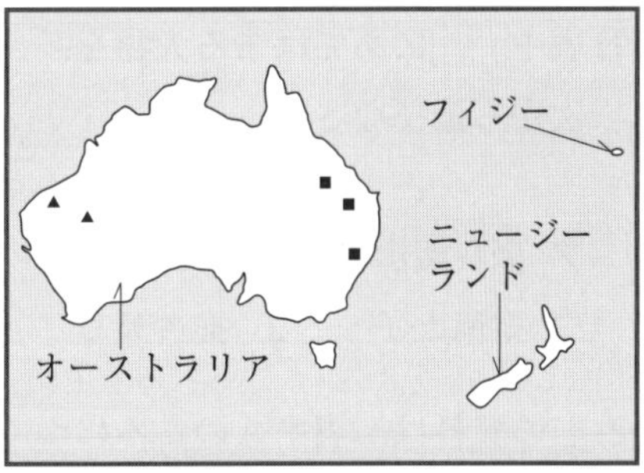

(1) 次の文の［a］，［b］にあてはまる語句を，それぞれ書きなさい。（8点×2）

・地図中のオーストラリアの先住民は，［a］と呼ばれている。〔　　　　〕

・地図中のニュージーランドにある山は，日本の山と同様に，新しい造山帯の1つである［b］に属している。〔　　　　〕〔岐阜－改〕

(2) 地図中の■と▲の地域で産出される鉱産資源の組み合わせとして適切なものを，次の**ア**～**エ**から1つ選び，記号で答えなさい。（6点）〔　　〕

ア ■…ボーキサイト　▲…石油
イ ■…ボーキサイト　▲…鉄鉱石
ウ ■…石炭　▲…石油
エ ■…石炭　▲…鉄鉱石　〔沖縄－改〕

(3) オーストラリアとフィジーの国旗を見て，［X］にあてはまる国名を書きなさい。（5点）

［オーストラリアの国旗］

［フィジーの国旗］

国旗のデザインから，両国は，ヨーロッパ州にある［X］との関係が深いことがわかる。

〔　　　　〕〔岐阜－改〕

第4日

社会

月　日

古代までの日本

POINT

1 人類の出現と古代文明

①人類の進化…猿人《えんじん》→原人→新人
└→打製石器の使用

②世界の古代文明…エジプト・メソポタミア・インダス・中国

2 日本のおこりと古代国家形成

①原 始…縄文《じょうもん》時代(縄文土器・たて穴《あな》住居・貝塚《かいづか》・土偶《どぐう》)→弥生《やよい》時代(弥生土器・稲作《いなさく》・邪馬台国《やまたいこく》・銅鐸《どうたく》)

②古 代…古墳《こふん》時代(大和《やまと》政権成立)→飛鳥時代(聖徳太子《しょうとくたいし》・仏教文化)→大《たい》化《か》の改新→奈良《なら》時代(平城京《へいじょうきょう》・律令制度)→平安《へいあん》時代(平安京・摂関《せっかん》政治・院政)
└→租・庸・調など

3 武士のおこり

①武士団の発生…源氏《げんじ》・平氏《へいし》の台頭

②平氏政権…保元《ほうげん》・平治《へいじ》の乱→平清盛《たいらのきよもり》(太政《だいじょう》大臣)
└→日宋貿易を行う

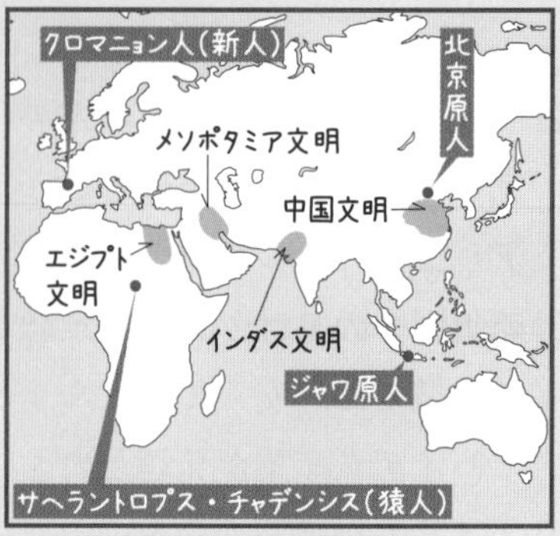

↑人骨化石の発見地と四大文明

確認問題

時間30分　合格点70点　得点　/100点

解答▶ 別冊 p.10

よく出る

1 **古代の政治と外交** 次の表は，日本の古代の政治や外交に関することがらをまとめたものである。この表や資料を見て，あとの問いに答えなさい。

時代	政治や外交に関することがら
古墳	A　大王《おおきみ》を中心とした政権による国内統一がすすめられる
飛鳥	□が隋《ずい》に使いを送る
奈良	B　平城京を中心に律令政治が行われる
平安	C　藤原《ふじわら》氏による摂関政治が行われる

(1) 表中□にあてはまる人物を，次から選びなさい。(6点)　〔　　〕

ア 蘇我蝦夷《そがのえみし》　**イ** 小野妹子《おののいもこ》

ウ 聖徳太子　**エ** 推古《すいこ》天皇

(2) 右の資料は，表中Aのころにつくられた大王の墓だとされている。この墓は，大仙《だいせん》(大山)古墳と呼ばれるが，このような形の古墳を何というか，書きなさい。(7点)　〔　　　　〕

(3) 表中Bのころ，朝廷《ちょうてい》は，人々に開墾《かいこん》をすすめるために，新しく開墾した土地であればいつまでも自分の土地にしてよいという内容の法令を出した。この法令を何というか，書きなさい。(7点)　〔　　　　〕

(4) 表中Cのころに現れた文化や学問として最も適切なものを，次の**ア**～**エ**から1つ選び，記号で答えなさい。(6点)　〔　　〕

ア 墨《すみ》一色で自然を描《えが》く水墨画《すいぼくが》　**イ** 寝殿造《しんでんづくり》と呼ばれる貴族の住居

ウ 出雲《いずも》の阿国《おくに》が始めた歌舞伎踊《かぶきおど》り　**エ** 日本の古典を研究する国学《こくがく》

〔徳島－改〕

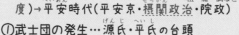

2 古代の外交と文化　次の表を見て，あとの問いに答えなさい。

時代	日本のできごと
弥生	①邪馬台国《やまたいこく》の女王が魏《ぎ》に使いを送る
飛鳥	[A]の戦いで[B]に敗れる
平安	②摂関《せっかん》政治が行われる

(1) 下線部①について，魏志倭人伝《ぎしわじんでん》によると，この国の女王[a]は，b（ア 30　イ 100）ほどの国を従えており，239年に魏に使いを送ったとされる。[a]にあてはまる人名を書きなさい。また，bの（　）の中からあてはまるものを1つ選び，記号で答えなさい。（4点×2）

a〔　　　　〕 b〔　　　〕

(2) 表中の[A]，[B]について，[A]の戦いのあと，わが国では，[B]からの攻撃《こうげき》に備えて，西日本の各地に山城《やまじろ》などの防衛施設《しせつ》がつくられた。[A]にあてはまる語を書きなさい。また，[B]にあてはまる国の組み合わせとして最も適切なものを，次のア～エから1つ選び，記号で答えなさい。（4点×2）

A〔　　　　〕 B〔　　　〕

ア 高句麗《こうくり》《コグリョ》と百済《くだら》《ペクチェ》　　イ 高句麗と新羅《しらぎ》《シルラ》

ウ 唐《とう》と百済　　エ 唐と新羅

記述式

(3) 下線部②について，摂関政治のころに栄えていた文化はどのような文化であったか，右の資料のように仮名文字がつくられ，使用されたことを参考にして，**中国**という語を用いて説明しなさい。（16点）

お	え	う	い	あ		オ	エ	ウ	イ	ア
於	衣	宇	以	安		於	江	宇	伊	阿
於	衣	宇	以	安		於	エ	宇	イ	阝
お	え	う	い	あ		オ		宀		ア
お	え	う	い	あ				ウ		ア

〔　　　　　　　　　　　　　　　　〕〔熊本－改〕

差がつく

3 大和政権と律令制　次の問いに答えなさい。

(1) 大和政権について，各問いに答えなさい。

A

B

①右のA，Bのうち，古墳《こふん》に並べられていたものは[X]で，[Y]と呼ばれる。

[X]にあてはまるものを，A，Bから1つ選び，記号で答えなさい。（6点）

また，[Y]にあてはまる語を書きなさい。（8点）

X〔　　〕 Y〔　　　　〕

②現在の[　　]にあった大和地方に，豪族《ごうぞく》たちが連合した大和政権が生まれた。[　　]にあてはまる府県名を書きなさい。また，その位置を，右の図中のア～ウから1つ選び，記号で答えなさい。（6点×2）

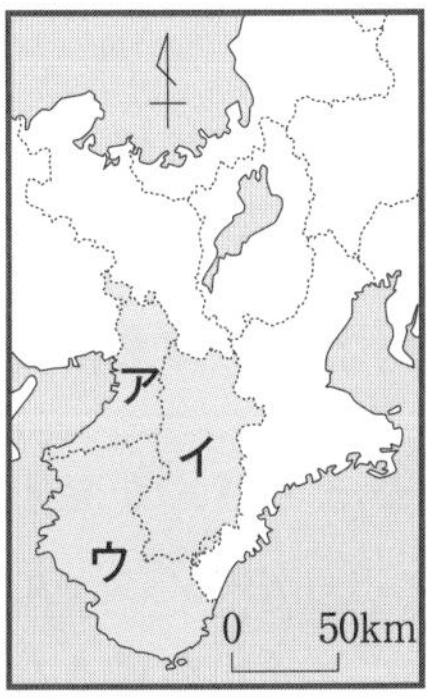

府県名〔　　　　〕 記号〔　　〕

(2) 班田収授法《はんでんしゅうじゅのほう》によって，a（ア 6　イ 17　ウ 21）歳《さい》以上の人々には，口分田《くぶんでん》が与《あた》えられ，稲《いね》で納めるb（ア 庸《よう》　イ 調《ちょう》　ウ 租《そ》）という税が課せられた。a，bの（　　）から適切なものを1つずつ選び，記号で答えなさい。（8点×2）

a〔　　〕 b〔　　〕〔熊本－改〕

第5日

社会

中世の日本

月　日

POINT

❶ 鎌倉《かまくら》時代

①鎌倉幕府《ばくふ》…「御恩《ごおん》」と「奉公《ほうこう》」という封建《ほうけん》的主従関係

②北条《ほうじょう》氏…執権《しっけん》政治，御成敗式目《ごせいばいしきもく》(貞永《じょうえい》式目)(1232)，元寇《げんこう》

③文 化…武士の文化(金剛力士《こんごうりきし》像《ぞう》，『平家《へいけ》物語』)，鎌倉新仏教

宗派	開祖	教　え
浄土宗《じょうどしゅう》	法然《ほうねん》	念仏(南無阿弥陀仏《なむあみだぶつ》)を唱えることで極楽往生《おうじょう》ができる
浄土真宗《じょうどしん》(一向宗《いっこう》)	親鸞《しんらん》	
時《じ》　宗	一遍《いっぺん》	
日蓮宗《にちれん》(法華宗《ほっけ》)	日蓮	題目(南無妙法蓮華経《なむみょうほうれんげきょう》)を唱えれば救われる
臨済宗《りんざい》	栄西《えいさい》《ようさい》	座禅《ざぜん》により自力で悟《さと》りを開く
曹洞宗《そうとう》	道元《どうげん》	

⬆鎌倉新仏教

❷ 室町《むろまち》時代

①後醍醐《ごだいご》天皇による建武《けんむ》の新政→南北朝時代(1336～92)→足利《あしかが》義満《よしみつ》が南朝と北朝を合一

②倭寇《わこう》と勘合《かんごう》貿易
　└→日明貿易

③文 化…水墨画《すいぼくが》，お伽草子《とぎぞうし》，能，金閣，銀閣，書院造
　└→雪舟が大成

④村の自治…農村の自治的組織→惣《そう》，土一揆《つちいっき》の増加

❸ 戦国時代

応仁《おうにん》の乱(1467～77)→下剋上《げこくじょう》の風潮，戦《ど》国大名，分国法

確認問題

時間30分　合格点70点

得点　／100点

解答▶ 別冊 p.10

よく出る

1 **中世の武家社会** ひとしさんとまりさんは「武士が活躍《かつやく》した2つの時代」を調べ，その政治の特色を資料を用いて発表した。次の2人の発表を見て，あとの問いに答えなさい。

(1) 右の図は，ひとしさんが発表した文章中の下線部①の関係について表したものである。[X]，[Y]に入る語を書きなさい。(5点×2)

〔図〕

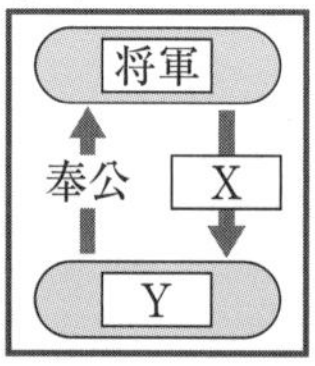

X〔　　　　〕 Y〔　　　　〕

〔岩手一改〕

A時代について発表したひとしさん

下の図は，①源氏将軍家《げんじしょうぐん》と北条氏《ほうじょう》の系図を表したものです。将軍頼《より》朝《とも》の死後は，北条氏が政治の実権を握《にぎ》りました。

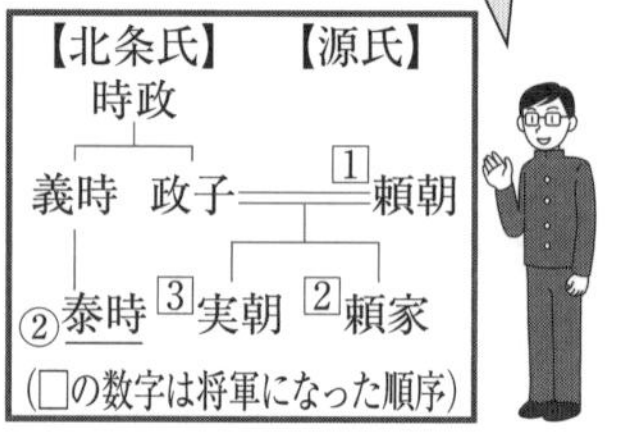

B時代について発表したまりさん

下の図は，③将軍足利《あしかが》義満のころの幕府のしくみを表したものの一部です。義満は幕府に政治の実権を集中させました。

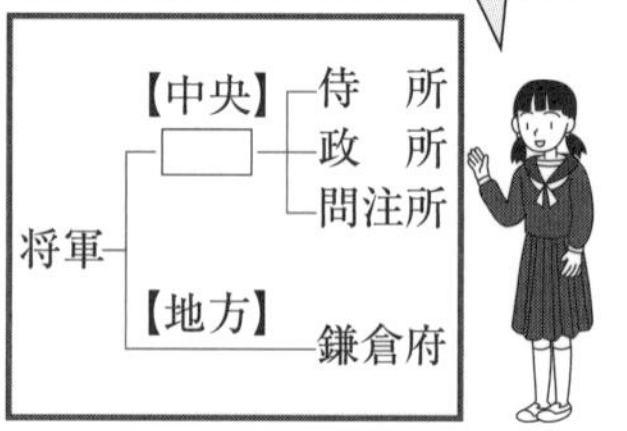

(2) ひとしさんが用いた資料中の下線部②の人物が，公平に裁判をするためにつくった武家社会初の法律を何というか書きなさい。(6点)

〔　　　　〕 〔岩手一改〕

(3) まりさんが発表した文章中の下線部③の人物について，各問いに答えなさい。(7点×2)

①次の文は，足利義満が行った明《みん》との貿易について説明したものである。[　]にあてはまる語句を書きなさい。

〔　　　　〕 〔岩手一改〕

1404年，足利義満《あしかがよしみつ》は，日本側の正式な貿易船に，明《みん》から与《あた》えられた□という通交証明書を持たせて，朝貢《ちょうこう》のかたちでの貿易を始めた。そのため，この貿易は，□貿易といわれる。

〔福島〕

②足利義満が活躍《かつやく》したころ，経済力を高めた幕府から保護を受け，さまざまな文化が発展した。このうち，観阿弥《かんあみ》，世阿弥《ぜあみ》親子によって大成されたものは何か。その名称《めいしょう》を書きなさい。 〔　　〕〔岩手〕

(4) まりさんが用いた資料中の□には，この時代の将軍の補佐役の名称が入る。その補佐役の名称を書きなさい。（5点） 〔　　〕〔岩手ー改〕

(5) AとBの時代の間に，建武《けんむ》の新政を行った天皇を書きなさい。（5点）

〔　　〕〔岩手ー改〕

差がつく

2 武家社会の動揺《どうよう》 次の文を読み，あとの問いに答えなさい。

15世紀に入ると，下剋上《げこくじょう》ということばは，農民の行動に対して多く使われたが，これは a 土《つち(ど)》一揆《いっき》をおこす農民に対する非難のことばとして使われた。こうした農民の参加する一揆はこの時期ひんぱんにおこり，その後の b 山城《やましろ》国でおこった国一揆では地域の武士とともに，守護大名を追放するほどであった。c こうした反抗《はんこう》は他の地域でも相次いでおこった。

記述式

(1) 下線部aについて，1428年，京都《きょうと》を中心におこった正長《しょうちょう》の土一揆で，農民は何を要求したかを書きなさい。（9点） 〔　　〕

(2) 下線部bについて，農民がこの国一揆で追い出した守護大名はだれか，次の**ア〜エ**から1つ選び，記号で答えなさい。（8点） 〔　　〕

ア 細川《ほそかわ》氏　**イ** 山名《やまな》氏　**ウ** 畠山《はたけやま》氏　**エ** 赤松《あかまつ》氏

(3) 下線部cについて，1488年におこり，その後100年近く自治を行った大きな一揆について，各問いに答えなさい。（8点×2）

①この一揆の名称《めいしょう》を書きなさい。 〔　　〕

②この一揆は，ある宗教の信仰《しんこう》で結びついていたが，その宗教を何というか書きなさい。

〔　　〕〔愛光ー改〕

よく出る

3 戦国時代の日本 次の略地図を見て，あとの問いに答えなさい。（9点×3）

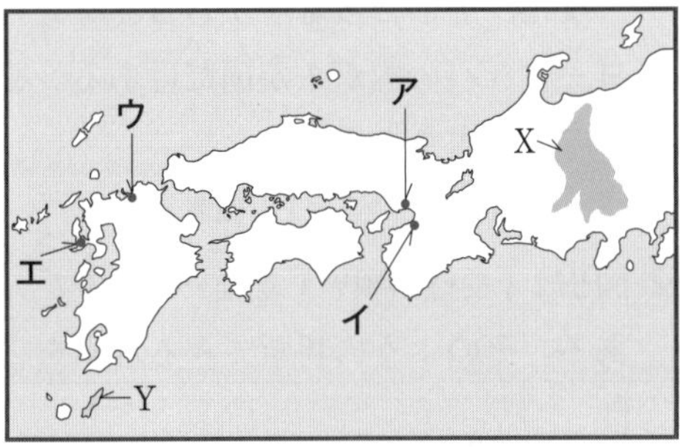

(1) 図中にXで示した地域は，16世紀半ばごろの，ある戦国大名の領国を示したものである。その人物が領国を統治するために制定した分国法を何というか，書きなさい。 〔　　〕

(2) 図中にYで示した島には，1543年にヨーロッパのある国の人によって鉄砲《てっぽう》が伝えられた。ある国とはどこか，書きなさい。 〔　　〕

(3) 次の文に書かれた都市の位置を図中の**ア〜エ**から1つ選び，記号で答えなさい。

この都市は，室町《むろまち》時代には勘合《かんごう》貿易で栄え，有力な町人による自治が行われた。その後，自治を守ろうと織田信長《おだのぶなが》に抵抗《ていこう》したが，最後は屈服《くっぷく》した。 〔　　〕〔香川ー改〕

近世の日本

POINT

1 安土桃山《あづちももやま》時代

①織田信長《おだのぶなが》…桶狭間《おけはざま》の戦い(1560)→長篠《ながしの》の戦い(1575)→本能寺《ほんのうじ》の変(1582),
└→明智光秀に襲われ自害
楽市《らくいち》・楽座《らくざ》,キリスト教保護

②豊臣秀吉《とよとみひでよし》…太閤検地《たいこうけんち》,刀狩《かたながり》(兵農分離《へいのうぶんり》),全国統一(1590),朝鮮侵略《ちょうせんしんりゃく》

③文 化…豪華《ごうか》・雄大《ゆうだい》,姫路《ひめじ》城,茶道→千利休《せんのりきゅう》,障壁画《しょうへきが》→狩野永徳《かのうえいとく》,歌舞《かぶ》伎踊《きおど》り→出雲《いずも》の阿国《おくに》
└→世界文化遺産に登録

2 江戸《えど》時代

①江戸幕府《ばくふ》…大名の統制〔武家諸法度《ぶけしょはっと》(参勤交代)〕,朝廷《ちょうてい》や寺社の統制,農民の統制,鎖国《さこく》

②武断政治から文治政治へ…朱子学《しゅしがく》,生類憐《しょうるいあわれ》みの令,正徳《しょうとく》の治《ち》(新井白石《あらいはくせき》)
└→極端な動物愛護令

③幕府政治の改革

享保《きょうほう》の改革	寛政《かんせい》の改革	天保《てんぽう》の改革
徳川吉宗《とくがわよしむね》(将軍《しょうぐん》)	松平定信《まつだいらさだのぶ》(老中)	水野忠邦《みずのただくに》(老中)
・上《あ》げ米《まい》の制 ・公事方御定書《くじかたおさだめがき》 ・目安箱《めやすばこ》の設置 ・新田開発	・穀物の備蓄《びちく》 ・幕臣の借金帳消し ・昌平坂学問所《しょうへいざかがくもんじょ》で朱《しゅ》子学《しがく》以外を禁止	・株仲間の解散 ・出稼《でかせ》ぎ農民の帰村 ・江戸・大阪周辺地の幕府直轄《ちょっかつ》化計画

確認問題

時間30分　合格点70点　得点　/100点

解答▶ 別冊 p.11

よく出る **1** **近世の政治** 次の図を見て,あとの問いに答えなさい。

(1) 図Ⅰにおいて,江戸時代の鎖国のもとで海外との窓口となった貿易港はどれか。**ア〜エ**から1つ選び,記号で答えなさい。

また,そのころ幕府から貿易を許可されたヨーロッパの国が1か国だけある。その国はどこか,書きなさい。(8点×2)

〔図Ⅰ〕

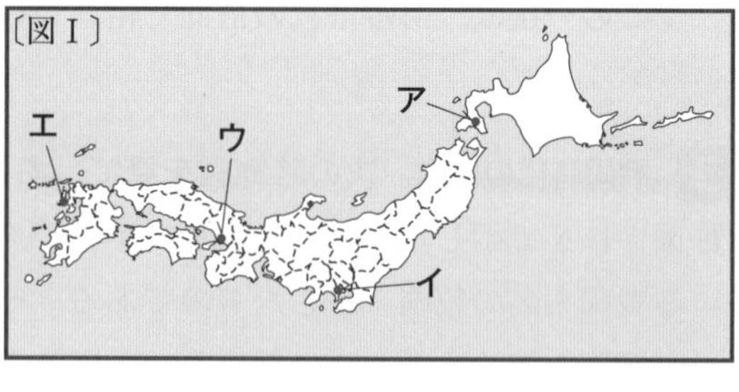

記号〔　　〕 国名〔　　　　　〕

記述式 **(2)** 図Ⅱは「長篠の戦い」を描《えが》いたもので,Bは織田信長側である。そのように判断できる理由を書きなさい。(16点)

〔　　　　　　　　　　　　〕

〔図Ⅱ〕

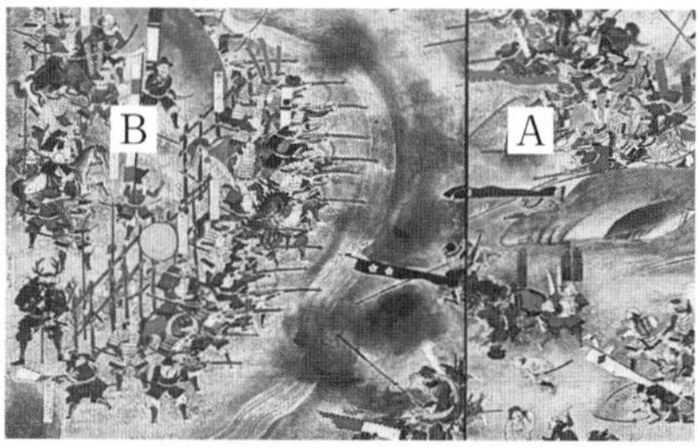

(3) 信長が,商工業発展のため,市場の税を免除《めんじょ》し,特権を認めず,自由に商売ができるようにした政策を何というか,書きなさい。(8点) 〔　　　　　　〕 〔沖縄－改〕

2 近世の政治と文化　次の表を見て，あとの問いに答えなさい。

時代	できごと	農業にたずさわった人々の様子
A	関ケ原《せきがはら》の戦いがおきた。	田畑の広さや土地のよしあしなどを調べる a 太閤検地《たいこうけんち》が行われ，生産高に応じた年貢《ねんぐ》を納めるようになった。
B	b生類憐《しょうるいあわれ》みの令が出された。	農家５戸を基準とした□の制度により，年貢の納入や犯罪の防止に共同で責任を負った。

(1) □にあてはまることばを，次の**ア**～**エ**から１つ選び，記号で答えなさい。（6点）〔　　〕

ア 五人組《ごにんぐみ》　**イ** 蔵屋敷《くらやしき》　**ウ** 座《ざ》　**エ** 惣《そう》

(2) 下線部 a を行った豊臣秀吉《とよとみひでよし》に関する次の文の□に入る語を，漢字２字で書きなさい。また，｛　　｝の中の語を**ア**～**ウ**から選びなさい。（8点×2）　漢字２字〔　　〕　記号〔　　〕

豊臣秀吉は，一揆《いっき》を防ぎ，農民を耕作だけに従事させるため，□を実施《じっし》し，農民がもっていたやりなどの武器をとりあげた。また，領土をさらに広げるため，｛ **ア** 宋《そう》　**イ** 明《みん》　**ウ** 清《しん》 ｝の征服《せいふく》を計画し，1592年に朝鮮《ちょうせん》に兵を出した。

(3) 下線部 b が出されたころに栄えた元禄《げんろく》文化について，各問いに答えなさい。

①元禄文化に関して述べた文を，次の**ア**～**ウ**から１つ選び，記号で答えなさい。（8点）〔　　〕

ア 茶の湯が流行し，千利休《せんのりきゅう》がわび茶を完成させた。
イ 歌川広重《うたがわひろしげ》がすぐれた風景画の版画を残した。
ウ 人形浄瑠璃《じょうるり》の台本で，近松門左衛門《ちかまつもんざえもん》が義理と人情の世界を描《えが》いた。

②元禄文化の中心となった都市を，右の略地図中の**ア**～**エ**から１つ選び，記号で答えなさい。（6点）〔　　〕〔北海道－改〕

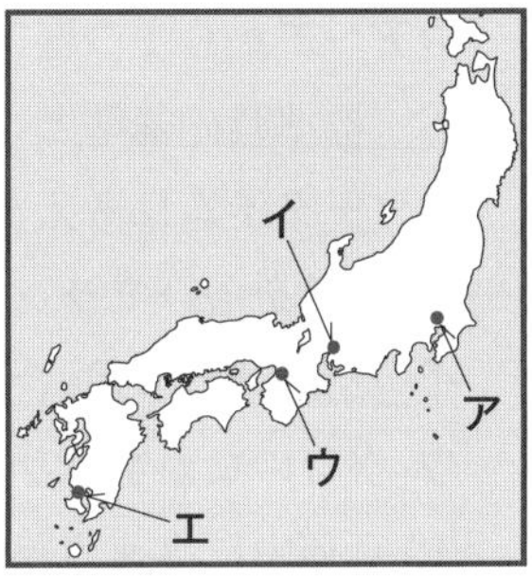

3 近世の政治と文化　次の問いに答えなさい。（8点×3）

よく出る

(1) 豊臣秀吉が活躍《かつやく》したころの文化を代表する作品を，右の**ア**～**エ**から１つ選び，記号で答えなさい。〔　　〕

ア

イ
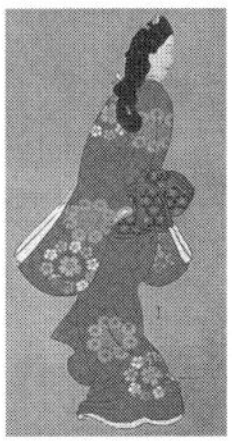
ウ

エ

(2) 江戸《えど》時代には，将軍《しょうぐん》から領地を与《あた》えられた大名は，１年おきに領地と江戸を往復することが義務づけられた。この制度を何というか。漢字４字で書きなさい。〔　　〕

(3) 江戸時代に行われた次の改革の内容について，この改革を行った人物として適切なものを，あとの**ア**～**エ**から１つ選び，記号で答えなさい。〔　　〕

百姓《ひゃくしょう》一揆や打ちこわしの多発，大塩の乱などに衝撃《しょうげき》を受けた幕府は，物価上昇《じょうしょう》を抑《おさ》えるため株仲間を解散させたり，江戸に出ている農民を故郷の村へ返させたりした。

ア 徳川綱吉《とくがわつなよし》　**イ** 徳川吉宗《よしむね》　**ウ** 松平定信《まつだいらさだのぶ》　**エ** 水野忠邦《みずのただくに》

〔島根－改〕

月　日

仕上げテスト

時間30分　合格点70点

得点　／100点

解答▶ 別冊 p.12

1 **次の図は，東京からの距離《きょり》と方位が正しい略地図である。次の問いに答えなさい。なお，緯線《いせん》と経線はいずれも20度間隔《かんかく》である。**

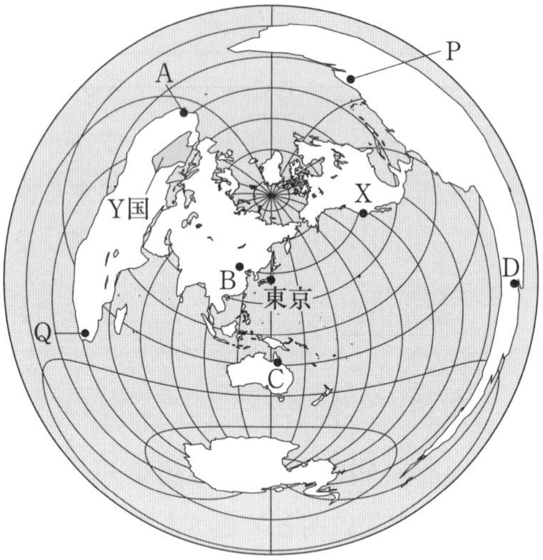

(注)緯線は緯度80度までを描いている。

(1) 略地図中のA～Dの都市を，東京からの距離が近いものから順に並べたとき，3番目になるものは，A～Dのうちのどれか。記号で答えなさい。(10点)

(2) 略地図中の6つの大陸のうち，3つの大洋に面し，実際の陸地面積が最も大きい大陸を何というか書きなさい。(10点)

(3) 東京にいる人が，衛星中継《ちゅうけい》で図中の都市Xの様子を伝える映像を，東京の時間で午前5時に見ている。衛星中継が生放送であるとき，見ることのできるようすとして最も適切なものを，次の**ア**～**エ**から1つ選び，記号で答えなさい。なお，標準時の基準となる経線は，東京は東経135度であり，都市Xは西経120度とする。また，サマータイムは考えないものとする。(10点)

ア 朝日を浴びてランニングをする人々

イ 真昼の野球の試合で放たれたホームラン

ウ 夕日のなかを飛び立つ飛行機

エ 真夜中に高速道路を走る自動車

(4) 右の写真は，図中のY国でくらす人々の生活の一部を撮《さつ》影《えい》したものである。水や草を求めて，季節的に移動しながら家畜《かちく》を飼育する牧畜を何というか。漢字2字で書きなさい。(10点)

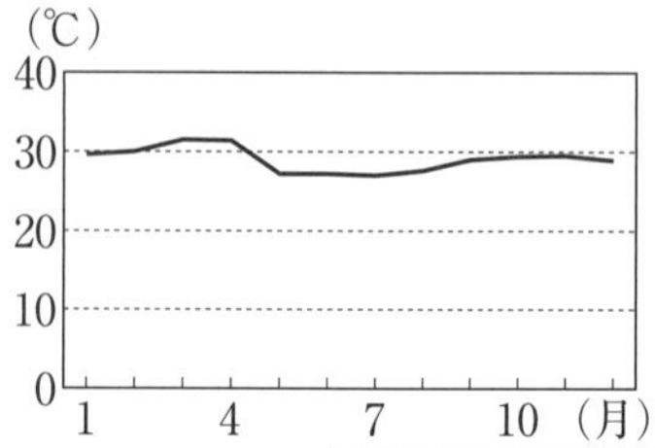

(2019年)(気象庁)

(5) 右のグラフは，図中のP，Qのいずれかの都市の月別平均気温を表したものである。このグラフは，いずれの都市のものか。その記号と，そのように判断した理由をそれぞれ書きなさい。なお，判断した理由は，グラフの特徴《とくちょう》と，選んだ都市の緯度を基準とした地球上での大まかな位置をふまえて書きなさい。(5点×2)

〔岡山－改〕

(1)		**(2)**		**(3)**		**(4)**	
(5)	記号	理由					

❷ **次の3枚のカードは「各時代における法やきまり」について書かれたものである。これを見て，下の問いに答えなさい。**

> A　御成敗式目《ごせいばいしきもく》(貞永式目《じょうえいしきもく》)
> 北条泰時《ほうじょうやすとき》らによって，武士社会の慣習などがまとめられた。

> B　大宝律令《たいほうりつりょう》
> 中国の律令にならい，律令国家のしくみが定められた。

> C　武家諸法度《ぶけしょはっと》
> 幕府《ばくふ》によって，諸大名が守るべき義務が定められた。

(1) Aについて，次の①，②に答えなさい。(10点×2)

①御成敗式目が定められたとき，北条泰時は，幕府において何という地位についていたか，書きなさい。

②次の**ア**～**エ**のうち，御成敗式目で，「謀反《むほん》や殺人などの犯罪人を取りしまること」が職務の1つに定められているものはどれか。次の**ア**～**エ**から1つ選び，記号で答えなさい。

ア 管領《かんれい》　**イ** 国司《こくし》　**ウ** 防人《さきもり》　**エ** 守護《しゅご》

(2) Bについて，大宝律令が定められたころの中国の国名は何か，書きなさい。(10点)

(3) Cについて，武家諸法度は，定められた後に内容が変更《へんこう》されることがあった。資料1は，第3代将軍のときの武家諸法度の一部であり，このきまりは，後におこった資料2のできごとをきっかけに，資料3のように変更された。幕府が資料3のようにきまりを変更した理由を，資料1のきまりがつくられた目的を含《ふく》めて書きなさい。(10点)

〔資料1〕

> 五百石積み以上の大船をつくってはいけない。ただし，商船はのぞく。

〔資料3〕

> 商船以外の大船は法令で禁止していたが，今後は諸大名が大船をつくることを許可する。

〔資料2〕

(4) A～Cの3枚のカードを，時代の古いものから順に並べ，その記号を答えなさい。(10点)

〔石川〕

(1)	①	②	**(2)**		**(3)**
					(4)　→　→

光と音

POINT

1 光の性質

光には，直進，反射，屈折《くっせつ》の性質がある。反射のとき，入射角＝反射角の関係がなりたつ。
↳光の反射の法則という

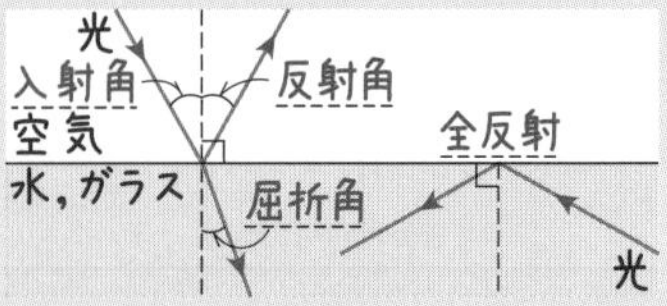

2 凸《とつ》レンズのはたらき

①凸レンズを通った光軸《こうじく》に平行な光が一点に集まる所を焦点《しょうてん》という。

②焦点の外側に物体があるときは実像ができ，焦点の内側に物体があるときは虚像《きょぞう》ができる。
↳実像：上下左右の向きが逆
↳虚像：上下左右の向きが同じ

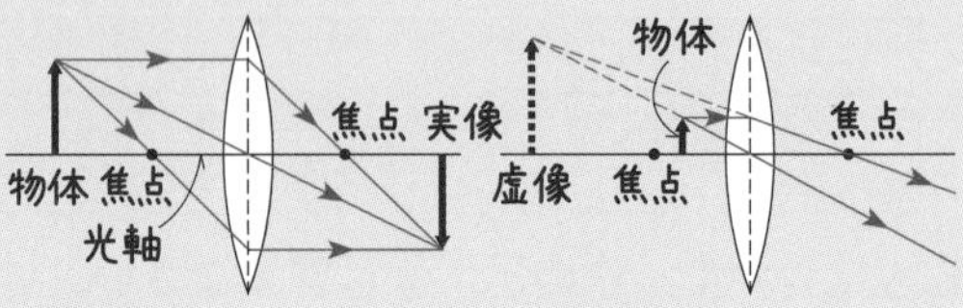

3 音の性質

音は物体の振動《しんどう》によって生じ，空気の中を波として伝わる。振《しん》幅《ぷく》が大きいほど音は大きくなり，振動数《しんどうすう》が多いほど音は高くなる。
↳振幅：振動の幅

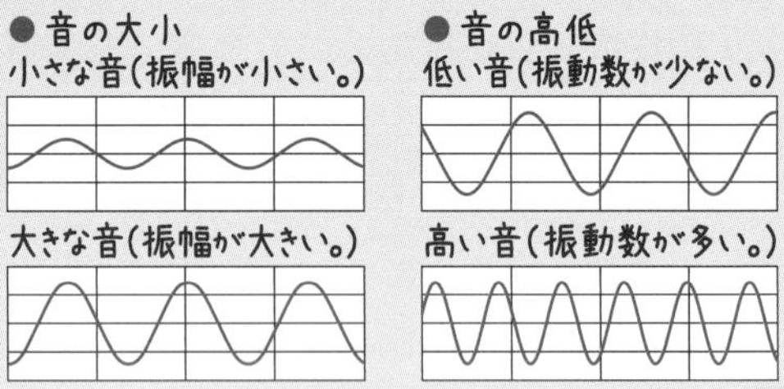

確認問題

時間30分　合格点70点　得点　/100点

解答▶ 別冊 p.13

よく出る **1** **光の反射** 鏡を用いて，次の実験を行った。あとの問いに答えなさい。〔青森－改〕

〔実験1〕 図1のように，30°ごとに破線を引いた厚紙の上に鏡を垂直に立てた。光源装置を用いて光をO点にあて，O点を中心に鏡を回転させて入射角と反射角の関係を調べた。

〔実験2〕 図2のように，鏡Ⅰ・Ⅱを机に垂直に立て，「理」の文字を書いた透明《とうめい》なシートを置き，「理」の文字のうつり方を調べたところ，図中のX～Zの3つの位置から像が見えた。

〔図1〕

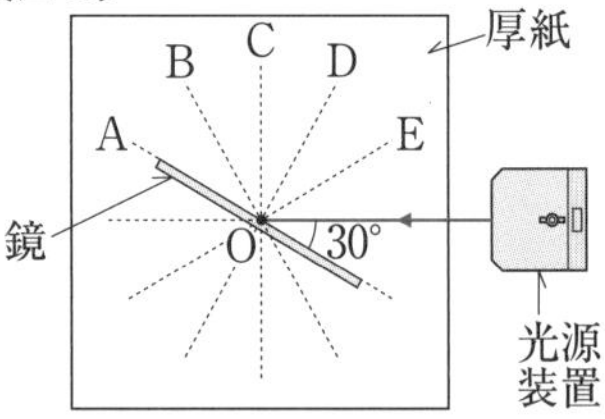

〔図2〕

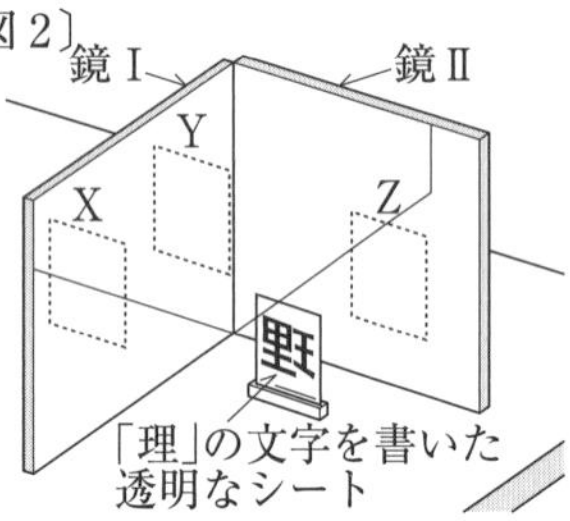

(1) 図1のように光をあてたとき，反射光はどの方向に進むか，図1のA～Dから1つ選び，記号で答えなさい。(10点) 〔　　〕

(2) 光源装置の位置はそのままで，光を図1のEの方向へ反射させるためには，鏡を図1の位置から時計まわりに何度回転させればよいか，求めなさい。(10点) 〔　　〕

(3) 実験2で，Y，Zの位置には，「理」の文字がどのようにうつって見えたか，右のア～エから最も適切なものをそれぞれ1つずつ選び，記号で答えなさい。ただし，同じ記号を選んでもよい。(5点×2)

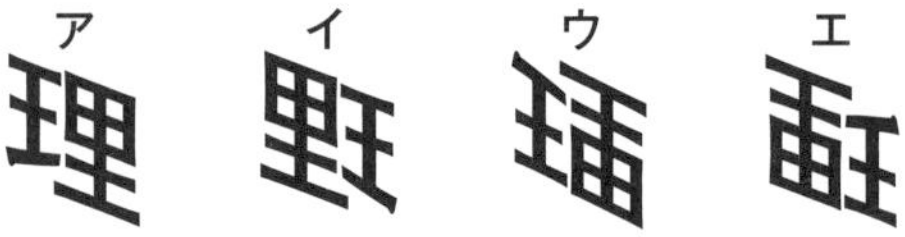

Y〔　　〕 Z〔　　〕

よく出る **2** **凸レンズのつくる像** 図1のように，物体（R字形に発光ダイオードを並べた光源），凸レンズ（焦点距離《しょうてんきょり》が4 cmの凸レンズ），スクリーン（半透明《はんとうめい》のスクリーン），光学台を用い，スクリーンに実像をうつす実験を行った。次の問いに答えなさい。〔三重－改〕

〔図1〕

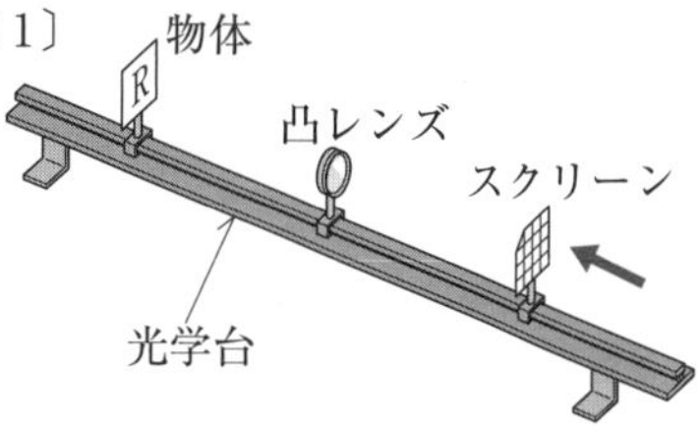

(1) 凸レンズを光学台の中央に固定し，物体とスクリーンを動かして，スクリーンに物体と同じ大きさの実像をうつした。このとき，①凸レンズと物体の距離，②凸レンズとスクリーンの距離はそれぞれ何 cmか，答えなさい。（5点×2）　①〔　　　〕②〔　　　〕

(2) 矢印のほうから見て，(1)でスクリーンにうつった実像はどのように見えるか，最も適切なものを，右のア～エから1つ選び，記号で答えなさい。（10点）〔　　　〕

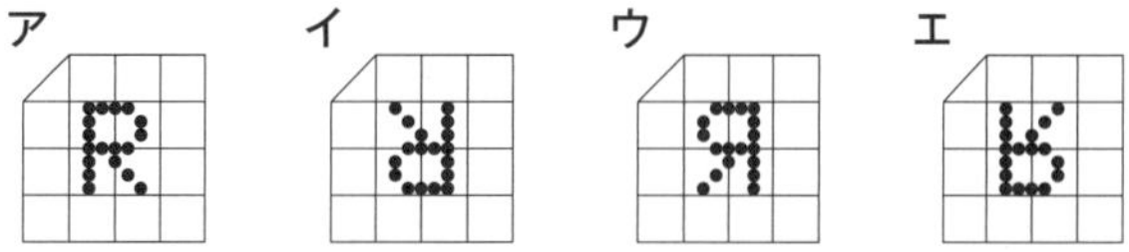

(3) 凸レンズと物体の距離を12 cm，凸レンズとスクリーンの距離を6 cmにしたとき，スクリーンに実像がうつった。このとき，物体の1点から出て，光軸と平行に凸レンズに入った光と，焦点を通って凸レンズに入った光について，それぞれが通る，物体の1点からスクリーンまでの光の道筋を，図2に――を使って表しなさい。ただし，光は凸レンズの中心線上で屈折することとする。（10点）

〔図2〕

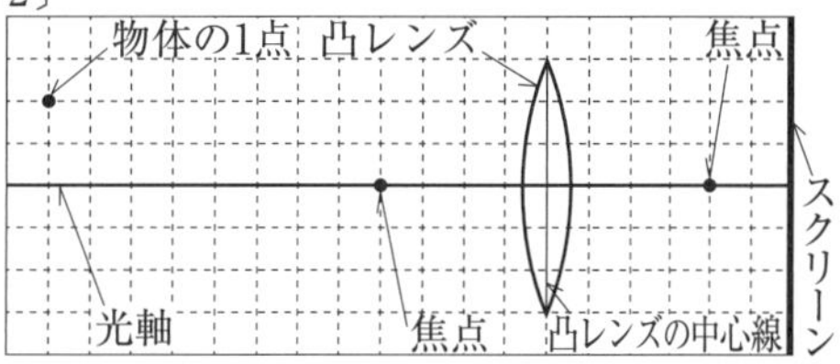

よく出る **3** **音の高低** 図の装置で弦《げん》の太さ，おもりの数，木片の位置を変え，木片とP点の中央を同じ強さではじいて，音の高さを調べた。ただし，弦の張りの強さはおもりの数で変わり，弦の材質は同じである。表は実験条件を示したものである。次の問いに答えなさい。（10点×2）〔長野〕

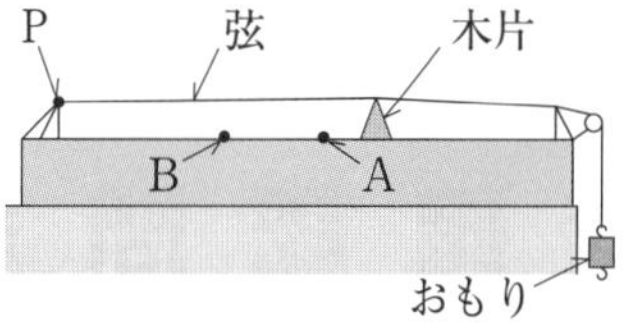

	ア	イ	ウ	エ	オ
弦の太さ	太い	細い	太い	細い	細い
おもりの数	1個	1個	2個	2個	2個
木片の位置	B	A	A	B	A

(1) 弦の張りの強さによる音の高さの違《ちが》いを調べるには，表のア～オのうち，どれとどれを比較《ひかく》すればよいか，書きなさい。〔　　　と　　　〕

(2) 最も高い音が出たものはどれか，表のア～オから1つ選び，記号で答えなさい。〔　　　〕

4 **音の速さ** 打ち上げられた花火が開いた瞬間《しゅんかん》，その花火から光と音が同時に発生した。太郎さんがいた地点では，その花火の光が見えてしばらくしてからその音が聞こえた。次の問いに答えなさい。ただし，このときの音の伝わる速さは340 m/sとする。（10点×2）〔愛媛－改〕

記述式 (1) 太郎さんがいた地点で，花火の光が見えてしばらくしてから，その音が聞こえたのはなぜか。その理由を，「光に比べて」の書き出しに続けて簡単に書きなさい。

〔光に比べて，　　　　　　　　　　〕

(2) 太郎さんがいた地点では，花火の光が見えてから2.0秒後にその音が聞こえた。その花火が開いた点から太郎さんがいた地点までの距離は何 mか，求めなさい。〔　　　〕

力

POINT

❶ 力のはたらき
「物体の形が変わる」，「物体が支えられている」，「物体の運動のようすが変わる」とき，力がはたらいている。

❷ 重さや質量と単位
重さは重力の大きさのことで，単位はニュートン(記号：N)を使う。質量は場所によって変わらない物体そのものの量のことで，単位はgやkgを使う。質量100gの物体にはたらく重力の大きさは，1Nにほぼ等しい。

❸ 力の表し方
力のはたらく点を作用点といい，力を図示するときは，作用点，力の大きさ，力の向きを矢印で表す。

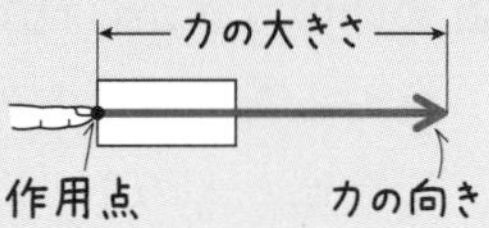

❹ フックの法則
ばねののびは，加えた力の大きさに比例する。

❺ 2力のつりあい
1つの物体に2つ以上の力がはたらいていて，物体が静止しているとき，それらの力はつりあっているという。次の3つの条件を満たすと力がつりあい，物体は静止する。

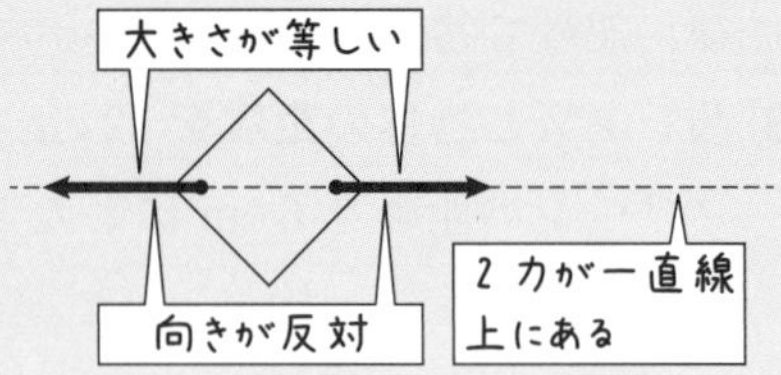

①2力の大きさが等しい。
②2力の向きが反対である。
③2力が同一直線上にある。

❻ 垂直抗力《すいちょくこうりょく》
面に接している物体に加わる垂直な力。机の上の本にはたらく重力は，垂直抗力とつりあっている。

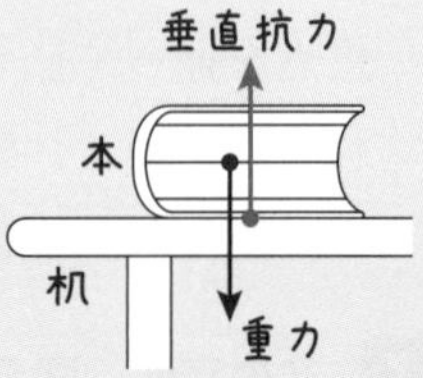

確認問題

時間30分　合格点70点　得点　/100点

解答▶別冊 p.13

1 力のつりあい　**力のつりあいについて，次の問いに答えなさい。**(10点×3)

(1) 右の図は，滑車《かっしゃ》にかけた糸に，おもりをつり下げたようすを表している。おもりにはたらく重力とつりあう力を表す矢印を図に描《か》き入れなさい。ただし，力の作用点は・で示し，力を表す矢印は，作用点から力の向きに描くこと。　〔新潟－改〕

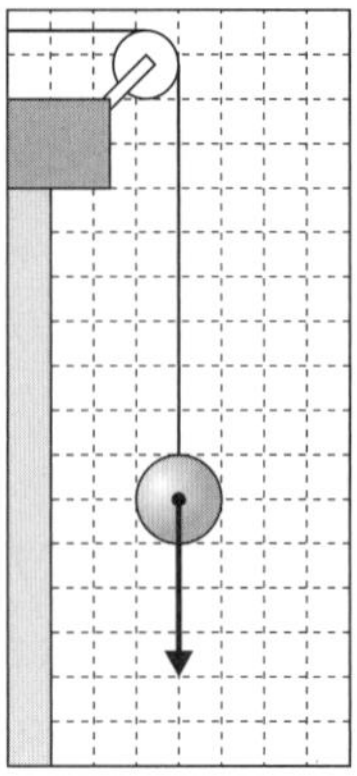

(2) 次の文は，2つの力がつりあう条件をまとめたものである。空欄《くうらん》にあてはまる適切な内容を書きなさい。　〔宮崎－改〕

2つの力がつりあう条件
・2つの力の(①　　　　)。
・2つの力の(②　　　　)。
・2つの力は同一線上にある。

①〔　　　　　　　　〕
②〔　　　　　　　　〕

よく出る
2 ばねののび 図1のように，スタンドにつるまきばねとものさしをとりつけ，ばねの下端《かたん》をものさしの0cmの位置に合わせた。次に，図2のように，ばねに分銅をつり下げ，ばねを引く力の大きさとばねののびの関係を調べたところ，表のような結果になった。これについて，次の問いに答えなさい。(10点×3)　〔茨城〕

〔図1〕　〔図2〕

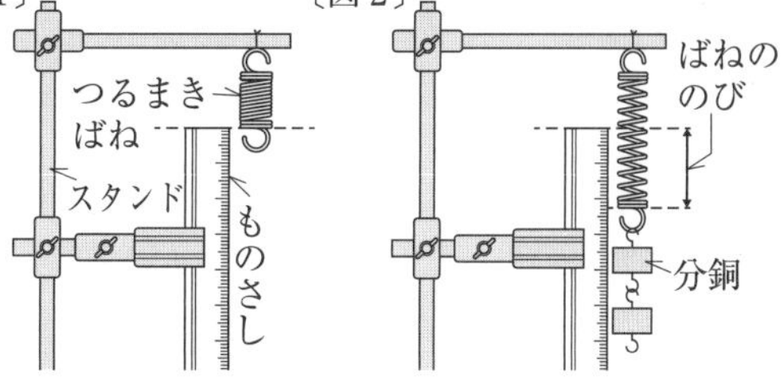

力の大きさ〔N〕	0	0.1	0.2	0.3	0.4
ばねののび〔cm〕	0	0.7	1.5	2.2	3.0

(1) 力の大きさとばねののびの関係を表すグラフを右に描《か》きなさい。

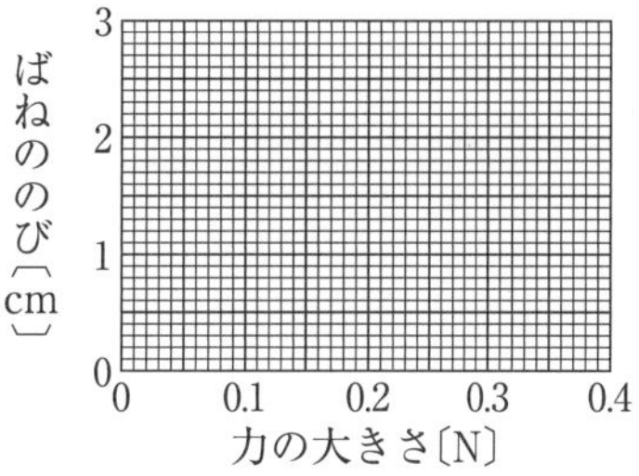

(2) 次の文中の空欄《くうらん》にあてはまる言葉を書きなさい。

ばねにおもりをつるしたとき，そののびは，ばねにはたらく力の大きさに(①　　)するという関係がある。これを，(②　　)の法則という。　①〔　　　　〕 ②〔　　　　〕

3 ばねののび 力を加えていないときの長さが10cmで，3Nの力で引くと2cmのびる軽いばねがある。次の問いに答えなさい。ただし，100gの物体にはたらく重力の大きさを1Nとする。(10点×2)　〔愛光高〕

(1) 図1のように，ばねの一端《いったん》を天井《てんじょう》に固定し，他端に450gのおもりをつるした。ばねののびは何cmか，求めなさい。

〔　　　　〕

〔図1〕　〔図2〕

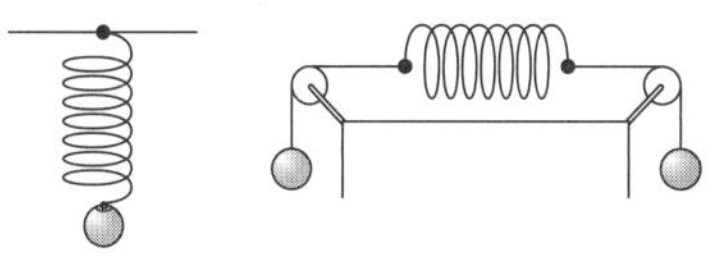

(2) 図2のように，ばねの両端《りょうたん》に軽くてのびない糸を結び，糸を滑車に通して，それぞれに450gのおもりをつるした。ばねののびは何cmか，求めなさい。

〔　　　　〕

差がつく
4 ばねののび 右のグラフは，ばねA～Cのそれぞれについて，ばねを引く力の大きさとばねののびの関係を示したものである。これらのばねA～Cをそれぞれスタンドにつるし，ばねAには200gのおもりを1個，ばねBには150gのおもりを1個，ばねCには70gのおもりを1個つるした。おもりが静止したときのばねA～Cののびをそれぞれa〔cm〕，b〔cm〕，c〔cm〕とする。このときのa～cの関係を，不等号(＜)で示したものとして最も適切なものを次のア～カから1つ選び，記号で答えなさい。ただし，質量100gの物体にはたらく重力の大きさを1.0Nとし，ばねA～Cの重さは考えないものとする。(20点)

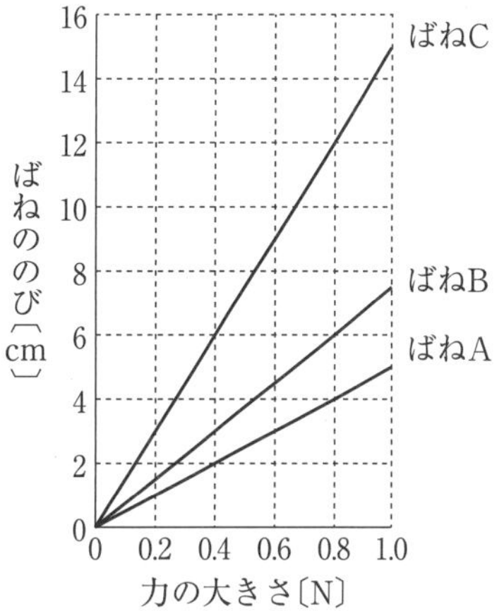

〔　　　〕　〔神奈川〕

ア $a<b<c$　イ $a<c<b$　ウ $b<a<c$　エ $b<c<a$　オ $c<a<b$　カ $c<b<a$

第3日 理科

身のまわりの物質

月　日

POINT

1 物質の分類

物質は，その性質によって金属と非金属に分けることができる。また，炭素を含《ふく》むかどうかで有機物と無機物に分けることができる。物質によって，1 cm³ あたりの質量(密度)が決まっている。
↳燃えて二酸化炭素を発生する物質

2 気体の集め方

気体は種類によって性質が違《ちが》う。気体を集めるときには，その性質によって，集める方法を使い分ける。

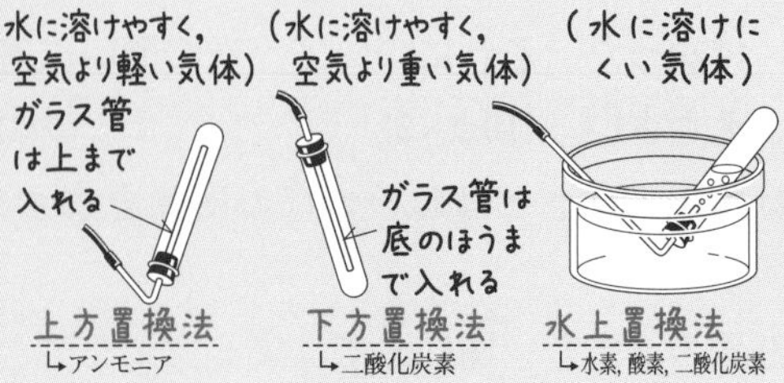

3 物質の状態変化

物質が固体 ⇆ 液体 ⇆ 気体と変化することを，物質の状態変化という。

4 水溶液《すいようえき》

溶《と》けている物質を溶質《ようしつ》，溶質を溶かすための液体を溶媒《ようばい》という。
↳溶媒が水の溶液を水溶液という

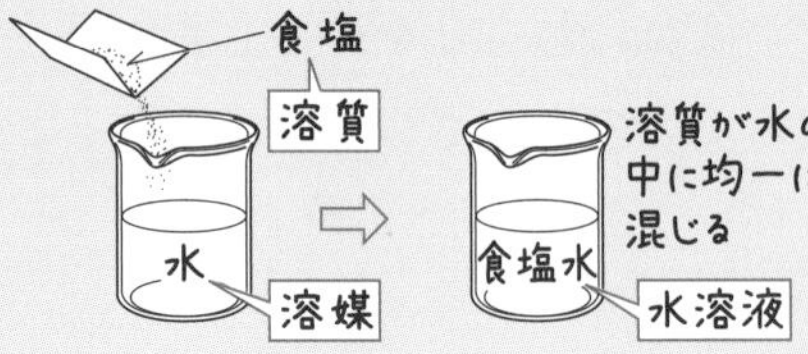

$$\text{質量パーセント濃《のう》度《ど》〔\%〕} = \frac{\text{溶質の質量}}{\text{溶質の質量}+\text{溶媒の質量}} \times 100 = \frac{\text{溶質の質量}}{\text{溶液の質量}} \times 100$$

確認問題

時間30分　合格点70点　得点　／100点

解答▶ 別冊 p.14

1 **密度** 密度に関する次の実験を行った。あとの問いに答えなさい。なお，表は，金属の密度を示したものである。〔富山－改〕

① 形や大きさの異なる金属片A～Eを用意し，電子てんびんを用いて金属片Aの質量を測定したところ 17.9 g であった。

② 水を入れたメスシリンダーに，金属片Aを糸でつるして沈《しず》めて，体積を調べたところ，2.0 cm³ であった。

③ ①，②と同様の操作を金属片B～Eについても行い，結果を図にまとめた。

〔表〕 金属の密度〔g/cm³〕

アルミニウム	2.70
亜　鉛	7.13
鉄	7.87
銅	8.96

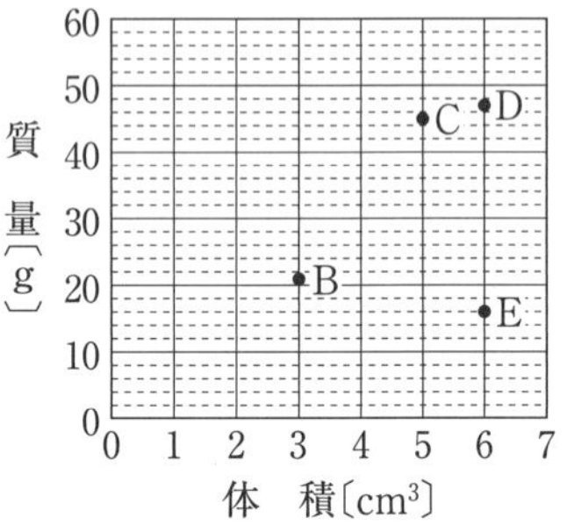

(1) 金属片Aの金属の種類は何か，表から選び，書きなさい。また，金属片Aと同じ種類の金属でできていると考えられる金属片はB～Eのどれか，1つ選び，記号で答えなさい。(5点×2)

種類〔　　　　〕　金属片〔　　　〕

記述式 **(2)** 飲料用のかんには，スチールかんとアルミニウムかんがよく使われている。スチールかんとアルミニウムかんを区別するためには，実験のように質量や体積を調べるほかにどのような方法があるか。簡単に書きなさい。(20点)

〔　　　　　　　　　　　　　　　　　　　　〕

2 **物質のすがた** **図のように，物質は温度によりすがたを変える。これについて，次の問いに答えなさい。**（10点×2）　〔島根－改〕

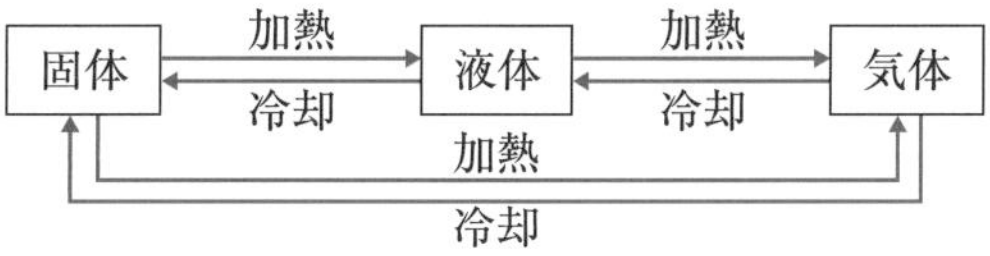

(1) 図のように，温度により物質のすがたが変わることを何というか，その名称《めいしょう》を漢字で答えなさい。　〔　　　　〕

(2) 次の文は，水が氷に変化するときの，体積と密度について説明したものである。文中の空欄《くうらん》にあてはまる言葉の組み合わせとして最も適切なものを，あとの**ア**～**エ**から１つ選び，記号で答えなさい。　〔　　〕

水が氷に変化するとき，体積が(①　　)なるので，密度は(②　　)なる。

ア ①小さく　②小さく　　**イ** ①小さく　②大きく
ウ ①大きく　②小さく　　**エ** ①大きく　②大きく

3 **気体の発生** **図の装置を用い，水素を発生させて試験管に集めた。次の問いに答えなさい。**（10点×3）　〔沖縄－改〕

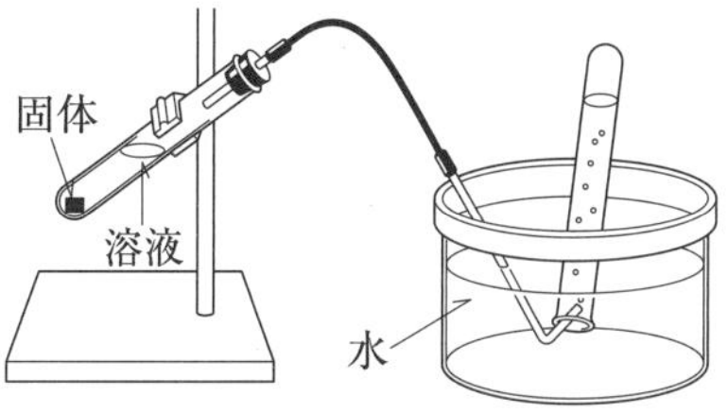

(1) 次の文の空欄にあてはまる言葉を書きなさい。

①〔　　　　〕　②〔　　　　〕

ガラス管からはじめに出てくる気体には(①　　)が含まれるので，純粋《じゅんすい》な水素を得るために，気体発生後しばらくしてから試験管に集める。また，発生させた水素は水に溶《と》けにくい気体なので，一般的《いっぱんてき》に(②　　)置換法《ちかんほう》で集める。

(2) 水素を発生させるために用いた固体と溶液の組み合わせとして正しいものはどれか。次の**ア**～**エ**から１つ選び，記号で答えなさい。　〔　　〕

ア スチールウールとうすいアンモニア水　　**イ** 石灰石《せっかいせき》とうすい塩酸
ウ 二酸化マンガンとうすい過酸化水素水　　**エ** マグネシウムリボンとうすい塩酸

4 **溶解度《ようかいど》** **次の実験１，２を行った。右の図は，硝酸《しょうさん》カリウム，ミョウバンの溶解度のグラフである。あとの問いに答えなさい。**（10点×2）　〔高知〕

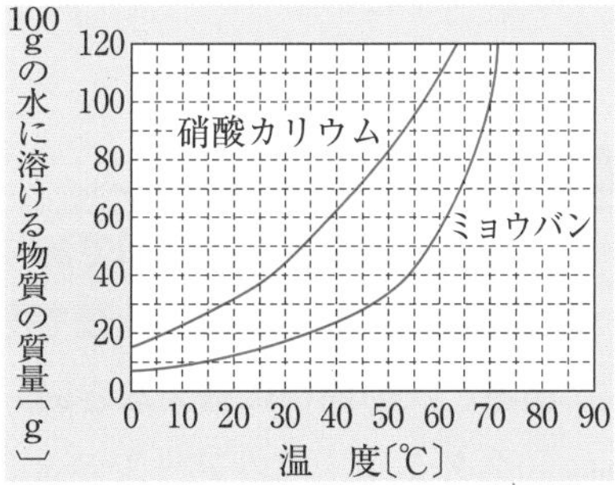

〔実験１〕 60℃の水を100ｇ入れたビーカーに硝酸カリウムを30ｇ加え，すべてを溶かした。

〔実験２〕 60℃の水を100ｇ入れたビーカーにミョウバンを35ｇ加え，すべてを溶かした。この水溶液をある温度まで下げると，ミョウバンの結晶《けっしょう》ができ始めた。

(1) 実験１でつくった水溶液に硝酸カリウムをさらに加えて溶かし，60℃の飽和水溶液《ほうわすいようえき》をつくった。このときさらに加えて溶けた硝酸カリウムは何ｇか，求めなさい。　〔　　　　〕

(2) 実験２で，ミョウバンの結晶ができ始めた温度は何℃か，最も適切なものを次の**ア**～**エ**から１つ選び，記号で答えなさい。

ア 20℃　　**イ** 25℃　　**ウ** 50℃　　**エ** 55℃　　〔　　〕

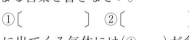

生物の観察と植物のなかま分け

POINT

1 花のつくりとはたらき

めしべ，おしべ，花弁，がくがある。

受粉後，子房《しぼう》が果実に，子房の中にある胚珠《はいしゅ》が種子になる。

↳花粉がめしべの柱頭につくこと

2 葉や根のつくり

葉には，葉脈という水や養分の通り道がある。

植物は，根を土の中に広げて，水を吸収したり，からだを支えたりしている。

3 植物のなかま

- 植物
  - 種子植物（種子をつくる）
    - 被子植物《ひししょくぶつ》（子房《しぼう》がある）
      - 双子葉類《そうしようるい》（子葉が２枚）
        - 離弁花類《りべんかるい》（花弁が離《はな》れている）
        - 合弁花類（花弁がくっついている）
      - 単子葉類（子葉が１枚）
    - 裸子植物《らししょくぶつ》（子房がない）↳果実ができない
  - 種子をつくらない植物（種子をつくらず，胞子《ほうし》でふえる）↳胞子のうでつくられる
    - シダ植物（根・茎《くき》・葉の区別がある）
    - コケ植物（根・茎・葉の区別がない）↳からだの表面から水をとり入れる

単子葉類と双子葉類は，根のつくりや葉脈でも見分けられるよ！

確認問題

時間30分　合格点70点　得点　／100点

解答▶ 別冊 p.14

1 花のつくり　次の文は，サクラやアブラナのなかまの花のはたらきについて述べている。文中の空欄《くうらん》にあてはまるつくりを，図のア～オから１つずつ選び，記号で答えなさい。（6点×4）　〔沖縄－改〕

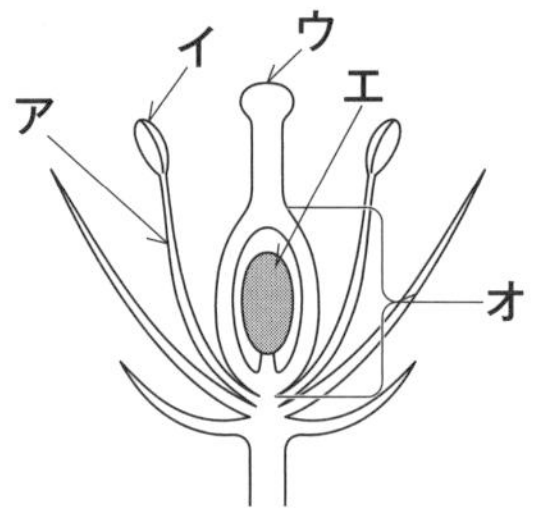

めしべの（①　　）におしべの（②　　）でつくられた花粉がつくことを受粉といい，受粉が起こると，（③　　）が成長して果実となり，子房の中にある（④　　）が成長して種子となる。

①〔　　　〕　②〔　　　〕　③〔　　　〕　④〔　　　〕

2 身近に見られる植物　スズメノカタビラは，日あたりのよい場所に生える単子葉類であり，ドクダミは日あたりのよくない場所に生える双子葉類である。図は，ある学校の地図である。次の問いに答えなさい。（6点×3）　〔鹿児島－改〕

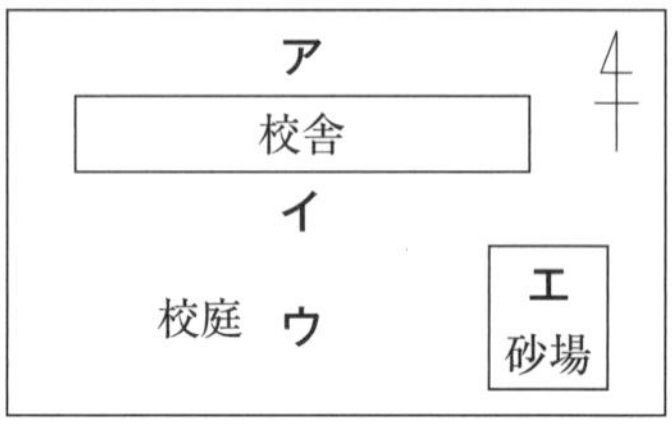

(1) ドクダミは，図のア～エのどこに多く見られるか，１つ選び，記号で答えなさい。　〔　　〕

記述式 (2) スズメノカタビラの葉脈と根のようすを，それぞれ簡潔に書きなさい。

〔　　　　　　　　　　〕

差がつく (3) スズメノカタビラと同じ単子葉類に分類される植物を，次のア～エから１つ選び，記号で答えなさい。　〔　　〕

ア ホウセンカ　　**イ** スギナ　　**ウ** トウモロコシ　　**エ** タンポポ

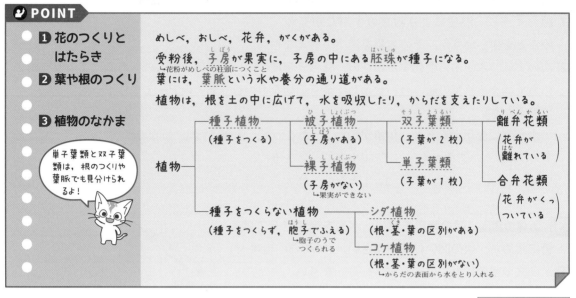

3 **シダ植物** **図のイヌワラビなどのシダ植物には，根，茎，葉の区別がある。また，被子植物や裸子植物は，種子でふえるのに対して，シダ植物は，□でふえるという特徴《とくちょう》がある。次の問いに答えなさい。**（6点×3）

〔和歌山ー改〕

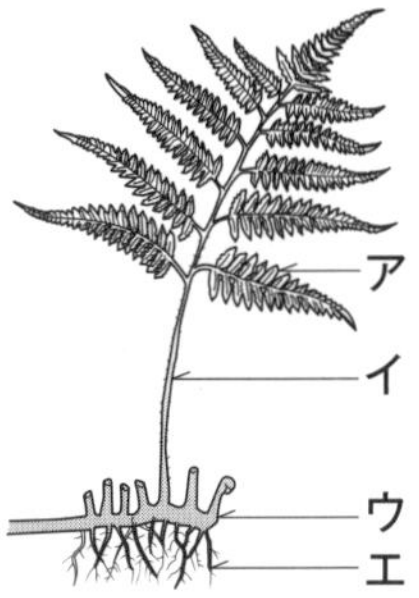

(1) シダ植物の茎の部分はどこか。図の**ア〜エ**から適切なものを１つ選び，記号で答えなさい。〔　　〕

(2) 文中の空欄《くうらん》にあてはまる適切な言葉を書きなさい。〔　　〕

(3) 次のうち，シダ植物のなかまであるものはどれか。**ア〜エ**から１つ選び，記号で答えなさい。〔　　〕

ア ゼンマイ　**イ** カボチャ　**ウ** ゼニゴケ　**エ** アヤメ

4 **マツのなかま** **図は，マツの枝の先端《せんたん》を模式的に表したものである。次の問いに答えなさい。**（5点×4）

〔千葉ー改〕

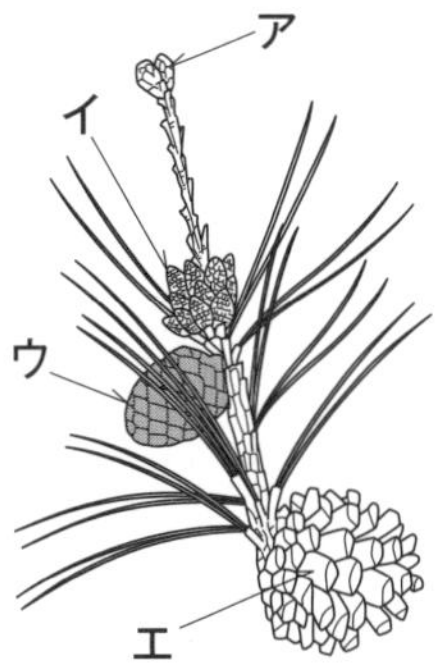

(1) 雄花《おばな》は図の**ア〜エ**のどれか。最も適切なものを１つ選び，記号で答えなさい。〔　　〕

記述式
(2) マツの花は，被子植物とどのような点で異なっているか。「子房」という言葉を用いて簡単に書きなさい。
〔　　〕

(3) (2)のような特徴をもつ植物を，被子植物に対して何というか，書きなさい。〔　　〕

(4) 次の**ア〜エ**から，マツのなかまを２つ選び，記号で答えなさい。〔　　〕

ア ツバキ　**イ** ヒマワリ　**ウ** イチョウ　**エ** ソテツ

よく出る
5 **植物のなかま** **野外で４つの植物を観察した。次の問いに答えなさい。**（5点×4）

〔徳島〕

〔図１〕

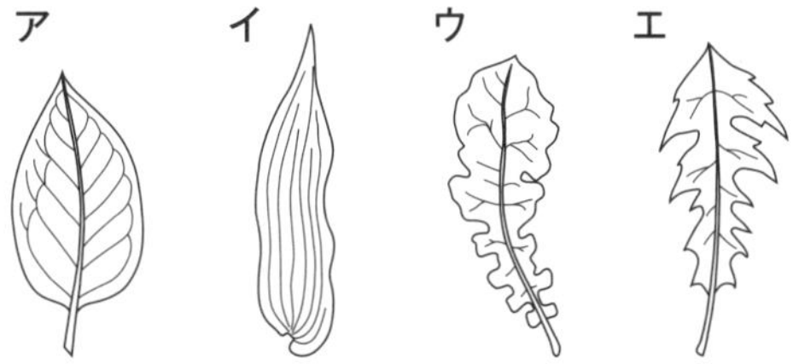

(1) 図１は，観察した植物の，アブラナ，タンポポ，ツユクサ，ジャガイモの葉をそれぞれスケッチしたものである。ジャガイモの葉はどれか，**ア〜エ**から１つ選び，記号で答えなさい。〔　　〕

(2) 図１の**イ**に見られるような葉脈を，そのようすから何というか，書きなさい。〔　　〕

(3) 図２でアブラナは**オ〜ク**のどのなかまに入るか，書きなさい。〔　　〕

〔図２〕

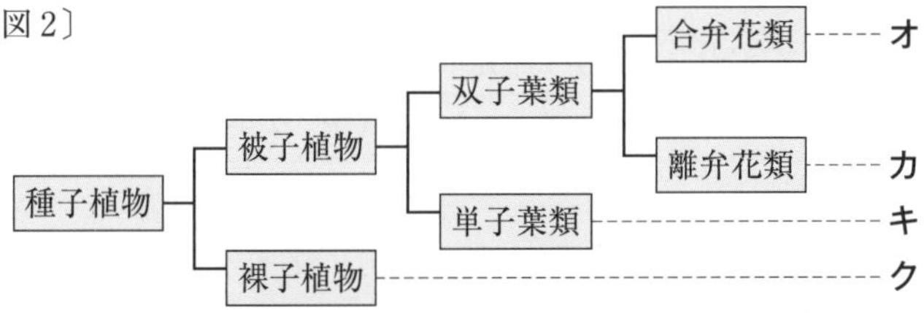

〔図３〕エンドウのめしべの根もとのようす

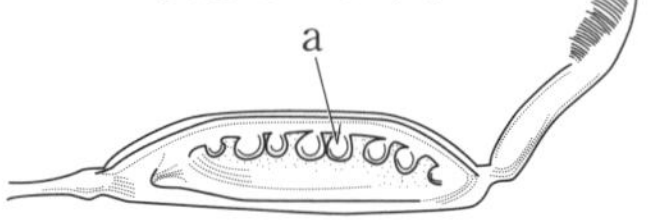

(4) 図３のスケッチにあるaを何というか，その名称《めいしょう》を書きなさい。〔　　〕

月　日

動物のなかま分け

POINT

1 動物の分類

動物は，背骨のあるセキツイ動物(魚類，両生類，ハ虫類，鳥類，ホ乳類)と，背骨のない無セキツイ動物(節足動物，軟体動物《なんたいどうぶつ》など)に分類される。

2 セキツイ動物

	魚類	両生類	ハ虫類	鳥類	ホ乳類
呼　吸	えら	子…えら・皮膚《ひふ》 親…肺・皮膚	肺		
生まれ方	卵生(殻《から》のない卵)		卵生(殻のある卵)		胎生《たいせい》
体　表	うろこ	湿《しめ》った皮膚	うろこ	羽毛	毛

3 無セキツイ動物

①節足動物…からだの外側がかたい殻(外骨格)でおおわれ，からだやあしに節がある。

- 昆虫類…からだが頭部，胸部，腹部の3つに分かれていて，胸部にあしが6本(3対)ある。
- 甲殻類…からだが頭胸部，腹部の2つまたは頭部，胸部，腹部の3つに分かれている。

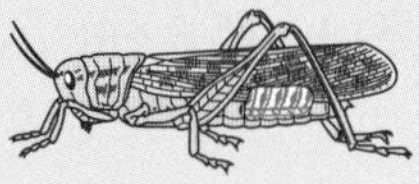

節足動物(バッタ)

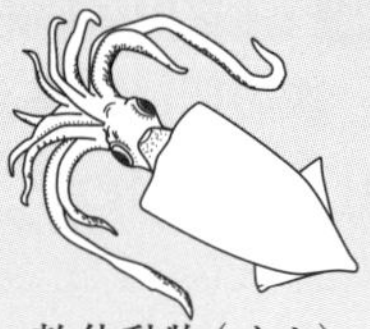

軟体動物(イカ)

②軟体動物…からだにあしや節はなく，内臓が外とう膜《まく》でおおわれる。

無セキツイ動物には，そのほかに，ミミズ，クラゲなどのなかまがある。

確認問題

時間30分　合格点70点　得点　/100点

解答▶ 別冊 p.15

1 背骨のない動物　動物のからだのつくりを調べるために，Ⅰ，Ⅱの観察を行った。あとの問いに答えなさい。(7点×4)〔熊本－改〕

Ⅰ　カタクチイワシの煮干《にぼ》しを湯に5分間つけた後，胴体《どうたい》をピンセットで解剖《かいぼう》してからだのつくりを観察し，スケッチした(図1)。

Ⅱ　アサリの殻と殻の間にスプーンを入れて貝柱を切り，殻を開いてからだのつくりを観察し，スケッチした(図2)。

〔図1〕

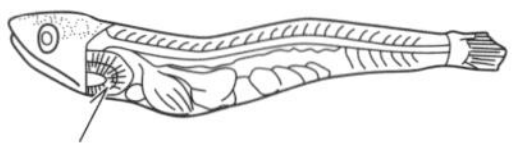

〔図2〕

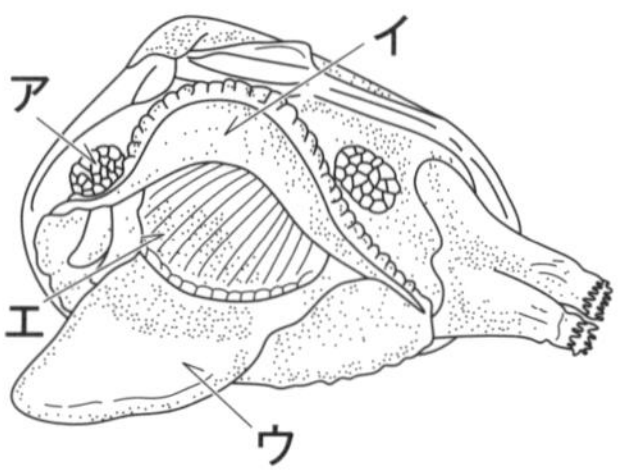

(1) 次の文の①，②にあてはまる適切な言葉を1つずつ選び，記号で答えなさい。　①〔　　〕②〔　　〕

アサリは，内臓が外とう膜におおわれており，①(**ア** 節足　**イ** 軟体)動物に分類される。このグループに属するものは，②(**ア** クモ　**イ** ミミズ　**ウ** イカ)がある。

(2) 図1のXは，ヒトの肺と同じはたらきをする器官である。この器官の名称《めいしょう》を書きなさい。また，図1のXと同じ名称の器官を図2の**ア**～**エ**から1つ選び，記号で答えなさい。

名称〔　　　　〕　記号〔　　〕

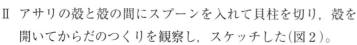

2 動物のなかま　表1，表2の動物について，次の問いに答えなさい。(8点×4)
〔富山－改〕

〔表1〕

ア．フナ	イ．ヒト
ウ．イモリ	エ．トカゲ
オ．イヌ	カ．カメ
キ．ニワトリ	

〔表2〕

ク．カニ	ケ．ミミズ
コ．イカ	サ．バッタ
シ．ヒトデ	

記述式 (1) 表1と表2の動物を比べたとき，表1の動物に共通するからだのつくりの特徴《とくちょう》は何か。簡単に書きなさい。
〔　　　　　　　　〕

(2) 表1の動物の中で，陸上に殻のある卵を産む動物をすべて選び，記号で答えなさい。〔　　　　〕

(3) 表1の動物の中で，一生または一生のうちの一時期をえらで呼吸する動物を2つ選び，記号で答えなさい。〔　　　〕

(4) 表2の動物の中で，節のあるあしをもち，体表が殻《から》でおおわれている動物を2つ選び，記号で答えなさい。〔　　　〕

3 セキツイ動物のなかま　ある水族館を訪ね，次のA～Eの動物を観察した。あとの問いに答えなさい。(8点×2)
〔福島－改〕

A ペンギン　　B ウミガメ　　C イソギンチャク　　D イルカ　　E イモリ

(1) A～Eの中で，背骨があり，えらで呼吸する時期がない動物の組み合わせを，次の**ア**～**カ**から1つ選び，記号で答えなさい。〔　　〕

ア　AとBとC　　**イ**　BとCとD　　**ウ**　AとBとE
エ　AとBとD　　**オ**　BとDとE　　**カ**　CとDとE

(2) A～Eの中で，子を産んでなかまをふやす動物を1つ選び，記号で答えなさい。〔　　〕

4 草食動物と肉食動物　図は，草食動物のシマウマの頭骨と肉食動物のライオンの頭骨の模式図である。次の問いに答えなさい。(8点×3)
〔山形－改〕

シマウマ　　ライオン

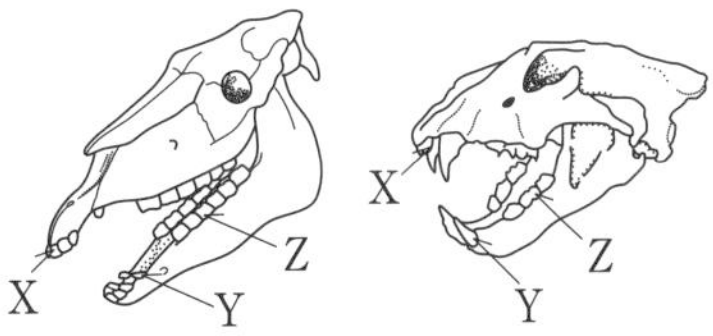

(1) 図のX，Y，Zについて，それぞれの歯の名称の組み合わせとして適切なものを，次の**ア**～**エ**から1つ選び，記号で答えなさい。〔　　〕

ア　X－犬歯　Y－門歯　Z－臼歯《きゅうし》　　**イ**　X－門歯　Y－犬歯　Z－臼歯
ウ　X－犬歯　Y－臼歯　Z－門歯　　**エ**　X－門歯　Y－臼歯　Z－犬歯

記述式 (2) シマウマの歯で，Zはどのようなことに役立つか。簡単に書きなさい。
〔　　　　　　　　〕

記述式 (3) ライオンの目が前方についていることは，どのようなことに都合がよいか。簡単に書きなさい。
〔　　　　　　　　〕

月　　日

大地の変化

POINT

1 火山とマグマ

マグマが冷え固まってできた鉱物などの集まりである岩石を火成岩という。火成岩には，地上または地表付近で急に冷えてできた火山岩（↳斑状組織）と，地下深くでゆっくり冷えてできた深成岩（↳等粒状組織）がある。

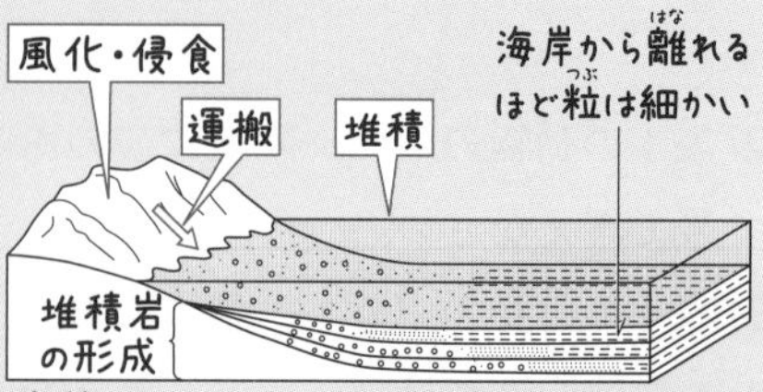

2 地震《じしん》のゆれの伝わり方と大きさ

地震のゆれには，初めに小さくゆれる初期微動《しょきびどう》（↳P波によるゆれ）と，あとからくる主要動（↳S波によるゆれ）がある。観測地点のゆれの程度は震度《しんど》（↳10段階に分けられる）で，地震そのものの規模はマグニチュード(記号：M)で表される。

3 地層のでき方

風化・侵食《しんしょく》された土砂は流水によって運ばれ，海底などに堆積《たいせき》して地層をつくる。地層をつくる堆積物が固まってできた岩石を堆積岩という。

4 断層としゅう曲

地層に力がはたらくと，ずれたり(断層)，おし曲げられて波うったり(しゅう曲)する。

5 化　石

化石には，地層が堆積した当時の環境《かんきょう》を知る手がかりとなる示相化石と，地層が堆積した年代を知る手がかりとなる示準化石とがある。

確認問題

時間30分　合格点70点　得点　／100点

解答▶ 別冊 p.15

1 **地層** 右の図は，ある地層の模式図である。次の問いに答えなさい。(9点×4)　〔福井－改〕

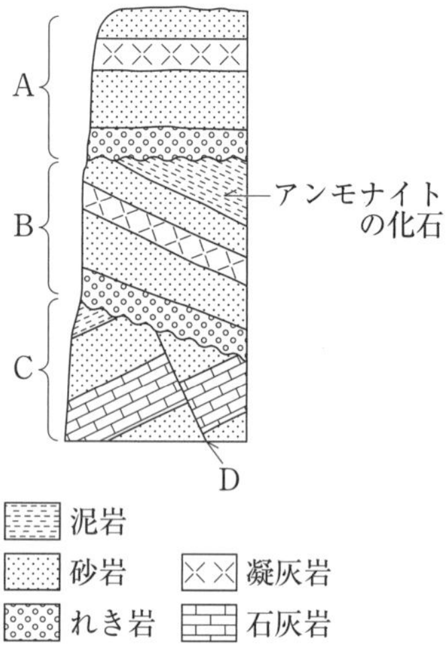

(1) 図のDで表されている地層のずれを何というか，書きなさい。

〔　　　　〕

(2) どのような向きの力(➡)がはたらくと，図のDのような上下のずれが生じるか，次の**ア**～**エ**から1つ選び，記号で答えなさい。

〔　　　〕

ア　　**イ**　　**ウ**　　**エ**

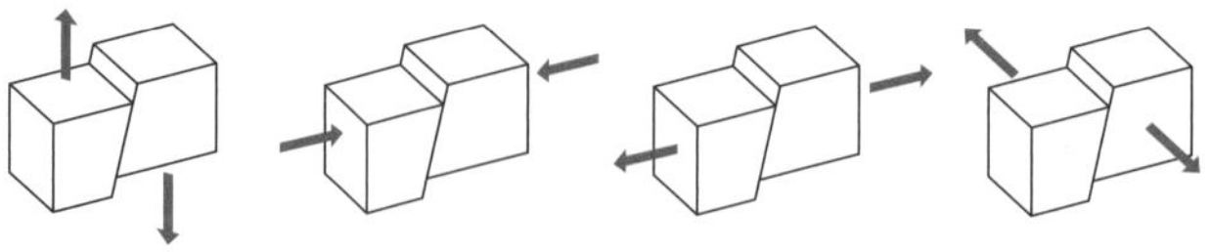

(3) 地層A～CおよびDのずれをできた順に古いほうから並べると，どうなるか。最も適切なものを，次の**ア**～**エ**から1つ選び，記号で答えなさい。

〔　　　〕

ア C→B→A→D　**イ** C→B→D→A　**ウ** C→D→B→A　**エ** D→C→B→A

(4) 地層Bの泥岩《でいがん》は，アンモナイトの化石が含《ふく》まれていたので中生代の地層であると考えられる。このように，地層ができた地質年代を知るのに役立つ化石を何というか，書きなさい。

〔　　　　〕

よく出る

2 **火成岩** **図は，鹿児島県の桜島《さくらじま》で採取した岩石の表面をスケッチしたものである。次の問いに答えなさい。**(8点×3)　〔宮城－改〕

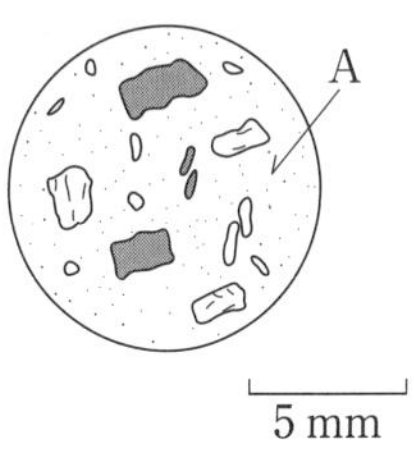

記述式

(1) 図のようなつくりの岩石はどのようにしてできたか。簡単に書きなさい。
〔　　　　　　　　　　　　　　　　　　　　　　　　　　　　　　〕

(2) この岩石は，図のAのように大きな結晶《けっしょう》になれなかった部分と，まばらに含まれる鉱物の結晶の部分からできている。Aのように大きな結晶になれなかった部分を何というか，書きなさい。　〔　　　　　〕

(3) 岩石と一緒《いっしょ》に採取してきた桜島の火山灰と，以前に採取した伊豆大島《いずおおしま》の三原山《みはらやま》の火山灰を比《ひ》較《かく》したところ，三原山の火山灰のほうが黒っぽい鉱物を多く含んでいた。このことから，三原山のマグマの粘《ねば》り気《け》と火山の形について，桜島と比べて述べたものとして，最も適切なものを，次の**ア**～**エ**から１つ選び，記号で答えなさい。　〔　　　〕

ア　桜島よりも，マグマの粘り気が強く，火山の形は盛り上がった形をしている。

イ　桜島よりも，マグマの粘り気が強く，火山の形は傾斜《けいしゃ》がゆるやかな形をしている。

ウ　桜島よりも，マグマの粘り気が弱く，火山の形は盛り上がった形をしている。

エ　桜島よりも，マグマの粘り気が弱く，火山の形は傾斜がゆるやかな形をしている。

3 **地震** **右の図は，ある地域で起こった地震Ｚについて，震源《しんげん》からの距離《きょり》の異なる地点A，B，Cにおける地震計の記録をもとにして，P波およびS波の到着時刻《とうちゃくじこく》と震源からの距離との関係を表したものである。次の問いに答えなさい。**(10点×4)　〔愛媛－改〕

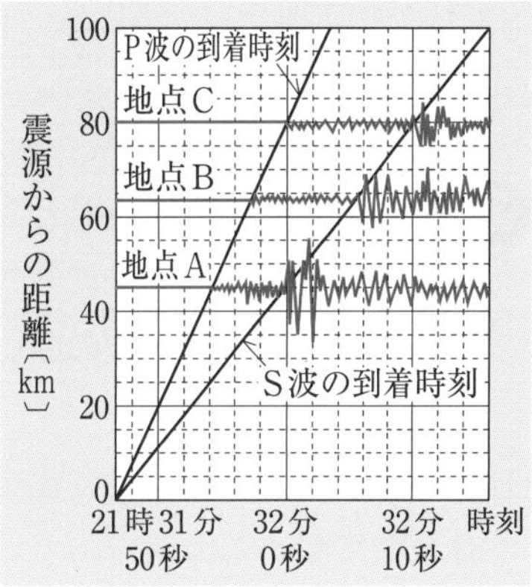

(1) 地震の規模の大小を表すために使われる尺度を何というか，書きなさい。　〔　　　　　　　〕

(2) 地点Xでの地震Ｚの初期微動継続時間《しょきびどうけいぞくじかん》は９秒であった。次の**ア**～**エ**のうち，地点Xの震源からの距離を，地点A，B，Cの震源からの距離と比較したものとして，最も適切なものを１つ選び，記号で答えなさい。
〔　　　〕

ア　地点Aより短い。　　**イ**　地点Aより長く地点Bより短い。

ウ　地点Bより長く地点Cより短い。　　**エ**　地点Cより長い。

(3) 次の**ア**～**エ**のうち，地震ＺのP波の伝わる速さとして，最も適切なものを１つ選び，記号で答えなさい。　〔　　　〕

ア　0.2 km/s　　**イ**　0.3 km/s　　**ウ**　3.4 km/s　　**エ**　6.0 km/s

差がつく

(4) 地震Ｚの震源からの距離が 20 km の地点で，地震ＺのP波が観測され，この４秒後に緊急《きんきゅう》地震速報《じしんそくほう》が出された。地点Cで地震ＺのS波が観測されたのは，緊急地震速報が出されてから何秒後か。次の**ア**～**エ**から最も適切なものを１つ選び，記号で答えなさい。

ア　16 秒後　　**イ**　20 秒後　　**ウ**　24 秒後　　**エ**　27 秒後　　〔　　　〕

第7日

理科

仕上げテスト

月　日

時間30分　合格点70点

得点　/100点

解答▶ 別冊 p.16

1 無セキツイ動物について，次の問いに答えなさい。(6点×5)　〔高知〕

(1) 無セキツイ動物のうち，カニ，カブトムシ，クモは，からだが外骨格でおおわれており，からだとあしに節があるという特徴《とくちょう》をもっている。このような特徴をもつ動物を，無セキツイ動物の中でも何動物というか，書きなさい。

(2) 無セキツイ動物の中には，軟体動物《なんたいどうぶつ》とよばれるグループがある。軟体動物に含《ふく》まれるものを，次の**ア**～**エ**からすべて選び，記号で答えなさい。

ア アサリ　**イ** エビ　**ウ** タコ　**エ** ヘビ

(3) 右の図は，解剖したイカを模式的に表したものである。図中のXは，イカの内臓を包んでいる膜《まく》である。この膜を何というか，書きなさい。

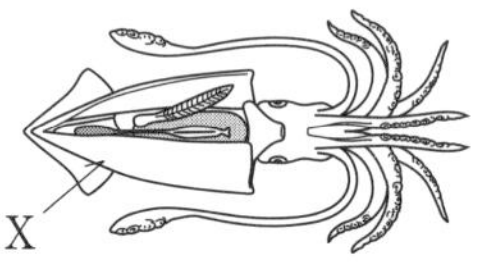

(4) 次の文は，軟体動物の呼吸について述べたものである。文中の空欄《くうらん》にあてはまる器官の名称を書きなさい。

水中で生活するイカは(①　)で呼吸し，陸上で生活するマイマイは(②　)で呼吸する。

(1)	(2)	(3)	(4)	①	②

2 図のように，水 15 cm^3 とエタノール 5 cm^3 の混合物を弱火で熱したところ，先に，エタノールを多く含んだ液体が試験管に出てきた。次の問いに答えなさい。(10点×2)　〔岐阜〕

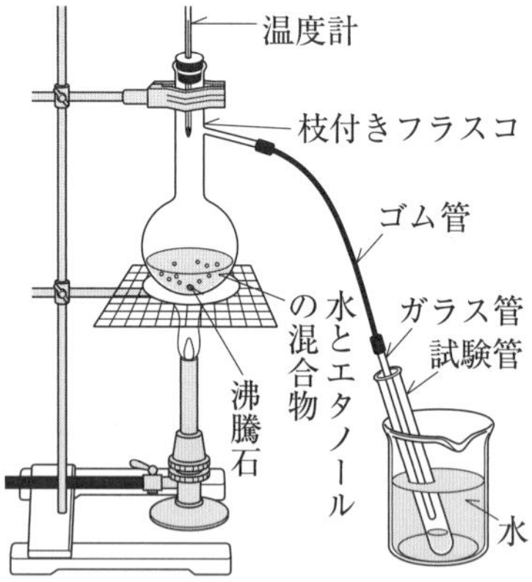

(1) 液体を熱して沸騰《ふっとう》させて出てくる気体を，冷やして再び液体にして集める方法を何というか，書きなさい。

(2) 水とエタノールの混合物を弱火で熱したとき，熱した時間と混合物の温度との関係を表したグラフとして最も適切なものを，次の**ア**～**エ**から1つ選び，記号で答えなさい。なお，熱し始めてから14分後，枝付きフラスコ内には液体が残っていた。

ア

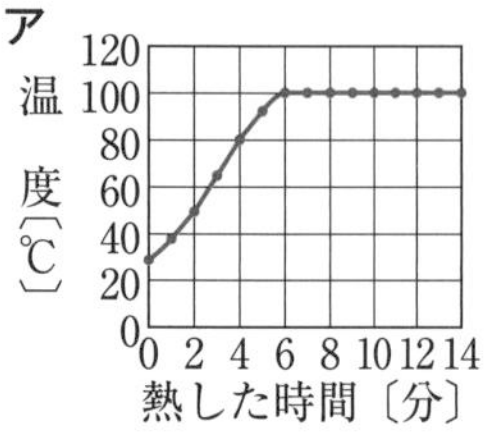

イ

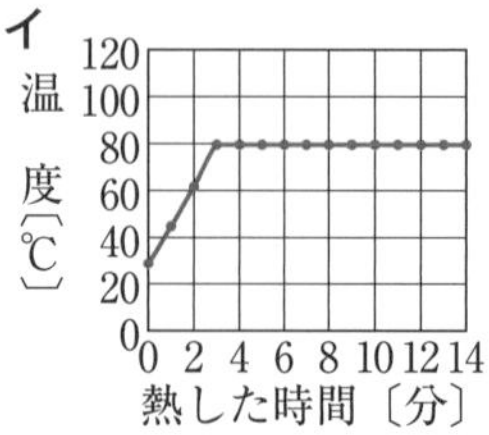

ウ

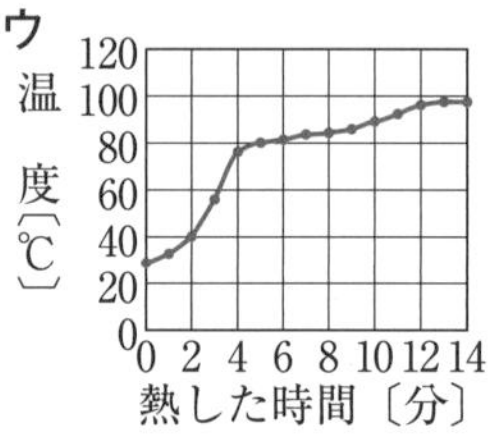

エ

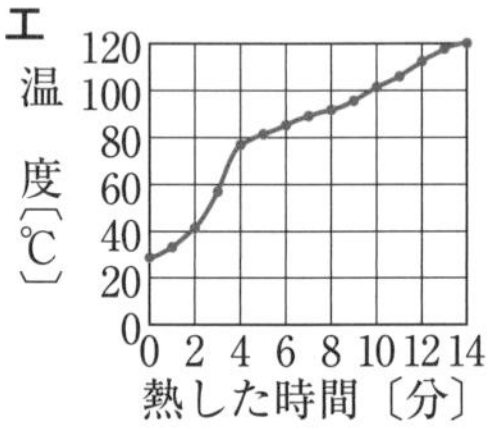

(1)	(2)

3 図1のように透明《とうめい》な直方体の厚いガラスを通して鉛筆《えんぴつ》を観察した。ガラスの前面から鉛筆を見ると，ガラスごしに見える部分は，直接見える部分とずれて見えることがあった。また，側面からガラスごしに見ると，どの位置からも鉛筆は見えなかった。これについて，次の問いに答えなさい。(6点×3)　〔長崎〕

〔図1〕

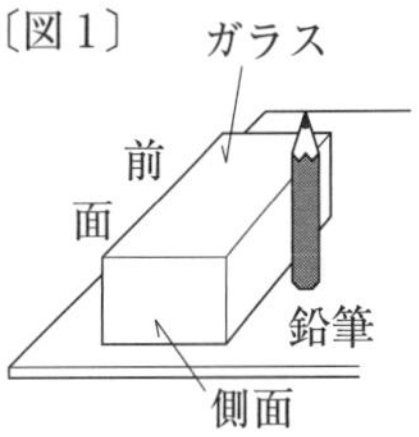

(1) 次の文の空欄にあてはまる言葉を書きなさい。

前面から見たとき，鉛筆がずれて見えたのは，光が(①　　)するためである。また，側面から鉛筆が見えなかったのは，(②　　)が起こっているためである。

(2) 図2は，図1を真上から見た図である。鉛筆から矢印の方向に進んだ光は，ガラス中ではどの方向に進むか。最も適切なものを，**ア**～**エ**から1つ選び，記号で答えなさい。ただし，**ウ**は光がそのまま直進した場合の方向を示している。

〔図2〕

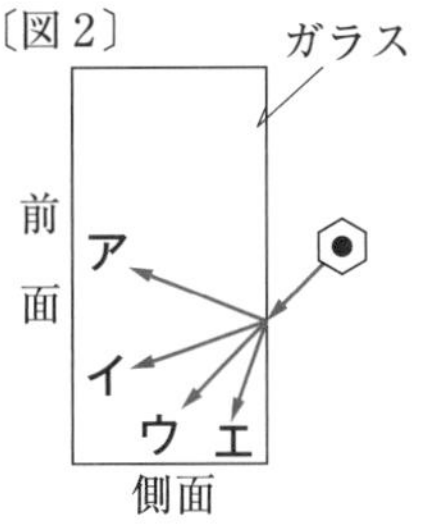

(1)	①	②	(2)

4 次に示す10種類の岩石を，図のように特徴《とくちょう》①～④をもとに 火成岩のなかま と A ～ D に分類した。このとき凝灰岩は B ，石灰岩《せっかいがん》は D に分類された。図をもとにして，次の問いに答えなさい。ただし，火成岩のなかま と A ～ D に分類される岩石は1種類とは限らないものとし，10種類の岩石は，すべてどこかに分類されるものとする。(8点×4)　〔福井－改〕

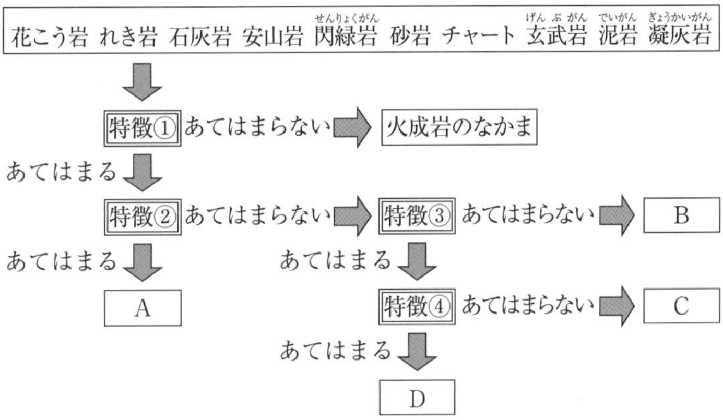

(1) A ～ D に分類される岩石のなかまをまとめて何というか，その名称《めいしょう》を書きなさい。

(2) 次の**ア**～**エ**は，図の特徴①～④のいずれかを表している。特徴①と特徴④にあてはまるものを，**ア**～**エ**からそれぞれ1つずつ選び，記号で答えなさい。

ア うすい塩酸をかけると気体が発生する。

イ 岩石をつくっている粒《つぶ》が丸みを帯びている。

ウ かたい殻《から》をもつ生物が死んで，積み重なってできたものである。

エ 地層をつくっているものがおし固められ，長い年月をかけてできた岩石である。

(3) 図の10種類の岩石の中で， C に分類される岩石の名称を書きなさい。

(1)	(2) 特徴①	特徴④	(3)

be 動詞・現在進行形

POINT

1 be動詞

I am Ken's classmate. （私はケンのクラスメートです。）
↳主語が I のとき

Tom and I are in Kobe. （トムと私は神戸にいます。）
↳主語が you か複数のとき

Your book is on that desk. （あなたの本はあの机の上にあります。）
↳主語が 3 人称単数のとき

2 疑問文

Are you from Canada? （あなたはカナダ出身ですか。）
↳be 動詞を主語の前に

— Yes, I am. （はい，そうです。） / No, I'm not. （いいえ，ちがいます。）
↳be 動詞で答える　↳=I am

3 否定文

I am not tired. （私は疲れていません。）
↳be 動詞のあとに not

You aren't a soccer fan. （あなたはサッカーファンではありません。）
↳=are not

My father isn't in his room now. （父は今，彼の部屋にいません。）
↳=is not

4 現在進行形

Takuya is swimming now. （タクヤは今，泳いでいます。）
↳〈be 動詞＋動詞の～ ing 形〉

確認問題

時間 30分　合格点 70点　得点 ／100点

解答▶ 別冊 p.17

よく出る **1** **be動詞の文の形** 次の対話文の（　）内から適当な語を 1 つずつ選び，記号を○で囲みなさい。（3点×4）

(1) *A*: （ア Is　イ Are　ウ Am） your sister sleeping now?　〔駒込高－改〕
B: No, she isn't.

差がつく (2) *A*: What （ア does　イ is　ウ are） in the box?
B: A ball is.

(3) *A*: Who is helping your mother?
B: Yutaka and Hideki （ア does　イ is　ウ are）.

(4) *A*: What （ア am　イ do　ウ are） you eating?
B: I'm eating a hamburger.

2 **場所を表す言い方** 次の絵の中にあるものについて，それぞれどこにあるかを表す英文を完成しなさい。（4点×4）

(1) Yuka's notebook is ________ the desk.

(2) Some balls are ________ Aki's bag.

(3) Hiro's racket is ________ the window.

(4) A lot of pens are ________ the desk.

3 対話文の完成 次の対話文の意味が通るように，(　)内の語を適当な形に直しなさい。

(5点×2)

(1) *Shoji:* What are you ________ , Mike?　(do)　〔高知一改〕

Mike: I'm watching the news on TV.

(2) *Paul:* What are you ________ for?　(look)　〔静岡一改〕

Akiko: A watch.　It's my favorite.

記述式

4 現在進行形の作り方 次の文を現在進行形に書きかえなさい。(7点×3)

(1) Yumi runs with Kazumi.

____

(2) What does Koji study in his room?

____

(3) We don't play tennis.

____

記述式

5 be 動詞の文の語順 日本文に合うように，(　)内の語句を並べかえなさい。(7点×3)

(1) ジョンのお父さんは今，庭にいます。　〔北海道〕

John's (is, father, in) the garden now.

John's ______________________________ the garden now.

(2) メアリーとテッドはアメリカ出身ではありません。

(America, from, are, Mary, not, and Ted).

______________________________ .

差がつく

(3) ベンチに少女が何人座っていますか。　〔岡山理科大附高〕

How (are, girls, many, sitting) on the bench?

How ______________________________ on the bench?

記述式

6 現在進行形を使って表現する 次の絵を見て，それぞれの人物がしていることを，現在進行形を使って，英語で書きなさい。(10点×2)

(1) Akira

____

(2) Toshi and Masa

____

第2日 英語　　月　　日

一般動詞・can

POINT

1 一般動詞

My father drives a car every day.（父は毎日車を運転します。）
└主語が3人称単数で現在のときは動詞にs，esをつける

《疑問文》Does he like baseball?（彼は野球が好きですか。）
└Doesを主語の前に置いて，動詞は原形

— Yes, he does.（はい，好きです。）
└doesで答える

No, he doesn't.（いいえ，好きではありません。）
└＝does not

《否定文》My brother doesn't use this desk.
└＝does not

（兄はこの机を使いません。）

2 命令文

Close the window, please.（窓を閉めてください。）
└動詞の原形で始める

Don't be noisy in this room.（この部屋でうるさくしてはいけません。）
└〈Don't＋動詞の原形〉は禁止の意味

3 助動詞 can

Kazuya can speak French.（カズヤはフランス語を話せます。）
└〈助動詞＋動詞の原形〉

《疑問文》Can Kazuya speak French?（カズヤはフランス語を話せますか。）
└Canを主語の前に

— Yes, he can.（はい，話せます。）
└canで答える

No, he can't.（いいえ，話せません。）
└＝cannot

《否定文》Kazuya can't speak French.（カズヤはフランス語を話せません。）
└canのあとにnotを入れたcannotにしてもよい

確認問題

時間30分　合格点70点

得点　／100点

解答▶ 別冊 p.18

よく出る **1** 疑問文の作り方　(　)内から適当な語を1つずつ選び，記号を○で囲みなさい。(4点×3)

(1) Do you (ア have　イ has　ウ is　エ are) an English book?

(2) (ア Does　イ Do　ウ Are　エ Is) Akiko play the piano?

(3) Can she (ア speak　イ speaks　ウ read　エ reads) English newspapers?

よく出る **2** 対話文の内容理解　次の対話文の(　)内から適当な語を1つずつ選び，記号を○で囲みなさい。(4点×4)

(1) *A*: Let's (ア go　イ goes　ウ going) to the park.　〔千葉－改〕
B: All right.

(2) *A*: (ア Is　イ Are　ウ Does　エ Do) your sister like music?　〔徳島－改〕
B: Yes.　She often listens to CDs at home.

(3) *A*: What (ア can　イ are　ウ is　エ does) you see over there?
B: I can see a lion.

差がつく (4) *A*: (ア Do　イ Does　ウ Be) kind to your friends, Jack.
B: OK, Mom.

よく出る

3 **文の書きかえ** 次の各組の文の内容がほぼ同じになるように，____にあてはまる語を書きなさい。(5点×4)

(1) Mr. Kato is our English teacher. 〔実践学園高－改〕
Mr. Kato ________ English to us.

(2) He is a good tennis player. 〔東京工業大附科学技術高〕
He ________ tennis ________.

(3) It rains much here. 〔実践学園高〕
We ________ much rain here.

差がつく

(4) She always takes a bus to school. 〔清風高〕
She always ________ to school ________ ________.

4 **英文の完成** 次の文中の____にあてはまる語を1語ずつ書きなさい。(6点×2)

(1) 通り沿いに歩いて2番目の角で左に曲がってください。 〔兵庫－改〕

________ along the street and ________ left at the second corner.

(2) 私の弟はふだん夕食後に音楽を聞きます。 〔北海道－改〕

My brother usually ________ ________ ________ after dinner.

記述式

5 **指示による文の完成** 次の文を〔 〕内の指示に従って書きかえなさい。(6点×4)

(1) I study math at home every night. 〔I を Yuriko にかえて〕 〔高知－改〕

____

(2) My sister has lunch in the classroom. 〔否定文に〕

____

(3) Kenji writes a letter in English. 〔「～できる」の文に〕

____

(4) (don't, too, fast, drive) 〔( )内の語を並べかえて英文に〕 〔高知学芸高－改〕

____

記述式

6 **内容を指定した自由作文** 次のようなとき，あなたなら何と言いますか。英語で書きなさい。

(8点×2) 〔福岡－改〕

(1) 自分の学校が8時半に始まるということを伝えるとき。

____

(2) 自分は昼食後に図書館で読書をするということを伝えるとき。

____

第 3 日

英語

名詞と代名詞

月　　日

POINT

1 単数と複数

Mr. Brown has a son and two daughters.
↳単数　↳複数
(ブラウンさんには1人の息子と2人の娘がいます。)

2 代名詞と格

They are good children.
↳主語(主格)
(彼らはよい子どもたちです。)

Their names are John, Mary and Lucy.
↳所有格
(彼らの名前はジョンとメアリーとルーシーです。)

Mr. Brown loves them very much.
↳目的語(目的格)
(ブラウンさんは彼らをとても愛しています。)

3 冠詞と連語

Lisa has a good bag. The bag is red.
↳前の文に出てきた bag のこと
(リサはよいかばんを持っています。そのかばんは赤色です。)

We have four classes in the morning. (午前中に授業が4つあります。)
↳in the morning には the をつける
We go to school by bus. (私たちはバスで通学します。)
↳go to school の school や，by bus の bus には冠詞をつけない

確認問題

時間 30分
合格点 70点

得点　　／100点

解答▶ 別冊 p.19

よく出る **1** **冠詞・代名詞・名詞の選択**　(　)内から適当な語句を 1 つずつ選び，記号を○で囲みなさい。

(4点×4)

(1) Does your brother play (ア a　イ an　ウ the) piano?　〔駒込高〕

(2) I have (ア much　イ a　ウ a lot of) questions for you.　〔滋賀―改〕

(3) Open (ア I　イ your　ウ me　エ yours) textbook to page seven.　〔北海道―改〕

(4) *A:* Is this your favorite (ア a book　イ book　ウ books　エ the book)?
B: Yes, it is.　〔実践学園高―改〕

よく出る **2** **名詞の意味**　次の＿＿に適当な語を入れて英文を完成しなさい。(4点×4)

(1) In Japan, the school year starts in April and ends in __________.　〔沖縄〕

(2) “How is the __________ in New York?”　“It is sunny today.”　〔島根―改〕

(3) __________ is the day between Tuesday and Thursday.　〔関西学院高〕

(4) Spring, summer, fall and winter are the words for __________.　〔北海道―改〕

3 **名詞と冠詞** 次の絵を見て，下の文中の〔 〕内の最も適当な 1 語を○で囲みなさい。また，＿＿にあてはまる語を 1 語ずつ書きなさい。(4点×6)

This is a picture of (1)〔a, an〕park. A boy and a girl are eating (2)〔breakfast, lunch, dinner〕. You can see five (3) ＿＿＿＿＿ in (4)〔a, an, the〕sky. You can see (5) ＿＿＿＿＿ dog, too. A man and his dog are running in (6)〔a, an, the〕park.

4 **語のつづり** 次の(1)～(4)の英単語を，それぞれのヒントを参考にして完成させなさい。ただし，英単語の□には 1 文字ずつ入るものとします。なお，ヒントの(　)にはその英単語が入ります。(5点×4)

〔千葉－改〕

(1) p □ □ □ □ t

ヒント A (　　　　) is one's father or mother.

(2) t □ □ □ □ □ □ w

ヒント Yesterday is the day before today and (　　　) is the day after today.

(3) h □ □ □ □ □ □ l

ヒント Many doctors work in the (　　　).

(4) A □ □ □ □ t

ヒント (　　　) is the eighth month of the year.

差がつく
記述式

5 **内容を指定した自由作文** 5 月に開かれるバレーボール大会についての[メモ]があります。その内容を紹介する 3 つの英文を書きなさい。ただし，数字も英語で書くこと。(8点×3)

〔徳島－改〕

[メ　モ]
・毎年，約 100 人が試合を楽しむ。
・1 チームは 9 人。
・全員がえんぴつとノートをもらえる。

We have volleyball games in May every year.

・＿＿＿＿＿＿＿＿＿＿＿＿＿＿＿＿＿＿＿＿＿＿＿＿＿＿＿＿＿＿

・＿＿＿＿＿＿＿＿＿＿＿＿＿＿＿＿＿＿＿＿＿＿＿＿＿＿＿＿＿＿

・＿＿＿＿＿＿＿＿＿＿＿＿＿＿＿＿＿＿＿＿＿＿＿＿＿＿＿＿＿＿

第4日

英語

月　日

形容詞と副詞

POINT

❶ 形容詞＋名詞

This is a pretty doll.
↳〈形容詞＋名詞〉の語順，名詞を修飾する
（これはかわいい人形です。）

❷ be 動詞＋形容詞

This doll is pretty.
↳〈be 動詞＋形容詞〉の語順
（この人形はかわいいです。）

❸ 副詞＋形容詞

He is very happy.
↳副詞 very が形容詞 happy を修飾する
（彼はとても幸せです。）

❹ 動詞と副詞

My mother always gets up early.
↳副詞 always，early がそれぞれ動詞 gets up を修飾する
（私の母はいつも早く起きます。）

確認問題

時間 30分　合格点 70点

得点　　／100点

解答▶ 別冊 p.20

よく出る

1 **形容詞・副詞の使い方** 次の対話文を完成するために，（　）にあてはまる最も適当なものを選び，記号を○で囲みなさい。（5点×3）

(1) *A*: Do you know this singer?
B: Yes, of course. Many people know him. He is very (　　) now.
ア young　イ popular　ウ useful　エ tall

(2) *A*: Does George use Japanese in his e-mails?
B: No, he doesn't. He (　　) uses English.
ア always　イ also　ウ doesn't　エ already

(3) *A*: Do you know this book?
B: Yes, it's (　　).
ア a very interesting　イ interesting very
ウ very interesting　エ an interesting

よく出る

2 **形容詞・副詞の意味** 次の文中の＿＿にあてはまる語を 1 語ずつ書きなさい。（6点×3）

(1) この海岸はとても大切な場所です。〔和歌山－改〕

This shore is a very ＿＿＿＿ place.

(2) ところで，今晩はおひまでしょうか。〔大阪星光学院高－改〕

By the way, are you ＿＿＿＿ this evening?

(3) 運転手はよくバス内の人々と話をします。〔佐賀－改〕

The driver ＿＿＿＿ talks with people in the bus.

よく出る

3 **形容詞・副詞を用いた対話文** 次の対話文を完成するために，(　)にあてはまる最も適当なものを選び，記号を○で囲みなさい。(8点×2)

(1) *A*: Please help me with my homework. 〔福島－改〕

B: (　　)

A: Thank you.

ア You're welcome.　　イ That's right.

ウ All right.　　エ No, it isn't.

(2) *A*: I can't go to the concert in Yamagata today.　My mother is sick. 〔山形－改〕

B: (　　)

ア I didn't go to the concert.　　イ That's too bad.

ウ I'm fine too, thank you.　　エ Today's concert is exciting.

4 **形容詞・副詞の意味** 次の文中の＿＿にあてはまる語を書き，英文を完成しなさい。ただし，いずれも指定された文字で始まる語にすること。(7点×5)

(1) Your grandfather is very k＿＿＿＿＿ and often helps us. 〔岐阜－改〕

(2) Everyone can answer this question.　It is not difficult.　It is a very e＿＿＿＿＿ question. 〔高知〕

(3) There are t＿＿＿＿＿ months in one year. 〔北海道－改〕

注 There are ～.　～があります。

(4) I'm so h＿＿＿＿＿.　What's for dinner, Mom? 〔駿台甲府高－改〕

(5) *A*: What do you do in your free time? 〔愛媛〕

B: I u＿＿＿＿＿ play with my dog, Pochi.　I love him.

差がつく
記述式

5 **内容を指定した自由作文** 次の状況において，あなたならどのように言いますか。それぞれ4語以上の英文を書きなさい。(8点×2) 〔三重－改〕

(1) 留学生に，いっしょに昼食を食べようと誘うとき。

＿＿＿＿＿＿＿＿＿＿＿＿＿＿＿＿＿＿＿＿

(2) 留学生に，自分の兄はサッカーをすることが上手であると伝えるとき。

＿＿＿＿＿＿＿＿＿＿＿＿＿＿＿＿＿＿＿＿

疑問詞

POINT

❶何，何の	What is this?（これは何ですか。） ↳疑問詞のあとは疑問文の語順 What *sport* do you like? ↳〈What＋名詞〉の語順 （あなたはどんなスポーツが好きですか。）
❷だ れ	Who is that boy?（あの少年はだれですか。）
❸だれの	Whose *pen* is this?（これはだれのペンですか。） ↳〈Whose＋名詞〉の語順
❹ど こ	Where are you going?（あなたはどこへ行きますか。）
❺い つ	When do you leave here? （あなたはいつここを出発しますか。）
❻どのようにして	How do you go to the library? （あなたは図書館へはどのようにして行きますか。）
❼な ぜ	Why are you here?（あなたはなぜここにいるのですか。）

疑問詞が
主語になることもあるよ！
➡解答編p.22

確認問題

時間30分　合格点70点　得点 /100点

解答▶ 別冊 p.21

よく出る **1** 疑問詞で始まる疑問文の形　(　)内から適当な語を選び，記号を○で囲みなさい。(4点×3)

(1) *A*: Where (ア is　イ are　ウ do　エ does) your aunt live?　〔高知〕
　B: She lives in Kochi.

(2) *A*: Which bag (ア does　イ is　ウ are　エ do) Jiro's?　〔広島－改〕
　B: That is his.

(3) *A*: Whose coins(ア is　イ do　ウ does　エ are) these?
　B: They are Tom's.

2 疑問詞の使い分け　次の＿＿に適当な語を入れて対話文を完成しなさい。(5点×4)

(1) *A*: ＿＿＿＿＿ do you come to school?
　B: By bus.

(2) *A*: ＿＿＿＿＿ class do you have this afternoon?　〔以上　沖縄－改〕
　B: An English class.　It's a lot of fun.

(3) *A*: ＿＿＿＿＿ ＿＿＿＿＿ books do you read every month?
　B: I read three.

(4) *A*: ＿＿＿＿＿ ＿＿＿＿＿ does the restaurant open?　〔以上　広島－改〕
　B: At eleven o'clock.

よく出る **3** **対話文の内容理解** 次の＿＿に適当な語を入れて対話文を完成しなさい。(6点×4)

(1) *A*: I like summer very much. 〔北海道一改〕

B: ＿＿＿＿ is summer your favorite season?

A: I can swim in the sea in summer. How about you?

B: I like ＿＿＿＿. I love skiing.

(2) *A*: How ＿＿＿＿ is this book? 〔北海道〕

B: It's five hundred yen.

(3) *A*: It's a big car. ＿＿＿＿ car is it? 〔長野〕

B: It is Mr. Kato's.

A: ＿＿＿＿ is Mr. Kato?

B: He is our homeroom teacher.

(4) *A*: ＿＿＿＿ is your birthday? 〔北海道一改〕

B: It's April 10.

4 **疑問文の意味** 次の対話文や英文を完成させるために，(　)にあてはまる最も適当なものを選び，記号を○で囲みなさい。(6点×2)

差がつく (1) *A*: What's the date today?

B: (　　)

ア It's 2016.　イ It's July 20.　ウ It's Sunday.　エ It's two thirty.

(2) (　　) do you say *hanabi* in English? 〔高知一改〕

ア What　イ Why　ウ Who　エ How

記述式 **5** **疑問文の語順** (　)内の語句を並べかえて，英文を完成しなさい。(7点×2)

(1) (do, kind of, festivals, have, you, what)? 〔宮城〕

＿＿＿＿＿＿＿＿＿＿＿＿＿＿＿＿＿＿＿＿?

差がつく (2) (to, bus, the, goes, which) museum? 〔岐阜〕

＿＿＿＿＿＿＿＿＿＿＿＿＿＿＿＿＿＿ museum?

記述式 **6** **内容を指定した自由作文** 次のような状況において，あなたならどのように言いますか。それぞれ4語以上の英文を書きなさい。(9点×2) 〔三重〕

あなたは外国人の旅行者に写真撮影を頼まれ，そのあと，その旅行者と少しの間，会話を楽しんでいます。

(1) 出身地をたずねるとき。

＿＿＿＿＿＿＿＿＿＿＿＿＿＿＿＿＿＿＿＿

(2) 好きな日本の食べ物をたずねるとき。

＿＿＿＿＿＿＿＿＿＿＿＿＿＿＿＿＿＿＿＿

第6日　英語　月　日

be 動詞・一般動詞の過去形

POINT

- ❶ 規則動詞　Yesterday I played tennis.（昨日，私はテニスをしました。）
  - └動詞に ed をつける
- ❷ 不規則動詞　My father took me to the theater.（父は私を映画館へ連れて行ってくれました。）
  - └took は take の過去形
- ❸ 一般動詞の疑問文　Did you watch TV yesterday?（あなたは昨日，テレビを見ましたか。）
  - └Did を主語の前に置いて，動詞は原形
  - — Yes, I did.（はい，見ました。）
    - └did で答える。
  - No, I didn't.（いいえ，見ませんでした。）
    - └＝did not
- ❹ 一般動詞の否定文　I didn't call her last night.
  - └＝did not
  - （私は昨夜，彼女に電話をしませんでした。）
- ❺ 進行形　I was sleeping then.
  - └be 動詞の過去形
  - （私はそのとき眠っていました。）
- ❻ 進行形の疑問文　Were you singing then?
  - └be 動詞の過去形を文頭に置く。
  - （あなたはそのとき歌っていましたか。）
  - — Yes, I was.（はい，歌っていました。）
    - └be 動詞の過去形を使って答える。
  - No, I wasn't.（いいえ，歌っていませんでした。）
    - └＝was not
- ❼ 進行形の否定文　I wasn't swimming then.（私はそのとき泳いでいませんでした。）
  - └＝was not

確認問題

時間 30分　合格点 70点　得点 ／100点

解答▶ 別冊 p.22

1 過去形の作り方　次の（　）内の動詞を適当な形に直しなさい。（5点×4）　よく出る

(1) I (visit) Tokyo yesterday. ＿＿＿＿＿

(2) My father (give) this book to me last Tuesday. ＿＿＿＿＿　〔群馬一改〕

(3) I was (eat) lunch then. ＿＿＿＿＿

(4) We were (run) in the park at one this afternoon. ＿＿＿＿＿

2 動詞の形　次の（　）内から適当な語句を選び，記号を○で囲みなさい。（6点×3）　よく出る

(1) I (ア fly　イ flies　ウ flew　エ flying) from Narita to here yesterday.　〔千葉一改〕

(2) We (ア live　イ lives　ウ lived　エ living) in London last year.

(3) It was (ア rain　イ rained　ウ rains　エ raining) at eight this morning.

3 対話文の内容　次の____に適当な動詞を１語入れて，対話文を完成しなさい。(5点×4)

(1) *A*: I ________ your sister yesterday. 〔大阪一改〕

B: Really?　Where did you see her?

(2) *A*: When did you take that picture?

B: I ________ it in summer.

(3) *A*: What were you doing at two this afternoon?

B: I was ________ my homework.

差がつく

(4) *A*: What happened?　You *look sad. 〔沖縄一改〕

B: I ________ my watch, and I *couldn't find it.

注 look sad　悲しそうに見える　couldn't　could not の短縮形。could は can の過去形。

4 文の書きかえ　____に適当な語を入れて，次の英文を〔　〕内の指示に従って，書きかえなさい。(6点×4)

(1) We enjoyed the party very much.〔ほぼ同じ内容の文に〕 〔長崎〕

We ________ a very good time at the party.

(2) He knew her address.〔否定文に〕

He ________ ________ her address.

(3) You studied science last Saturday.〔疑問文に〕

________ you ________ science last Saturday?

(4) Atsuko read a book.〔進行形に〕

Atsuko ________ ________ a book.

記述式

5 否定文・疑問文の語順　(　)内の語を並べかえて，英文を完成しなさい。(9点×2)

(1) (to, wasn't, I, music, listening) then.

____ then.

(2) (did, go, where, Mary, with) Taro?

____ Taro?

仕上げテスト

月　日

時間30分　合格点70点　得点　／100点

解答▶別冊 p.23

1 A欄の関係にならって，B欄の(　)にあてはまる単語を答えなさい。(4点×4)〔実践学園高－改〕

A			B		
(1) one	—	first	five	—	(　　)
(2) foot	—	feet	wife	—	(　　)
(3) easy	—	difficult	empty	—	(　　)
(4) pictures	—	museum	animals	—	(　　)

(1)	
(2)	
(3)	
(4)	

2 次の日本語の意味に合うように，____にあてはまる語を書きなさい。(6点×3)

(1) 彼は東京に向かって出発しました。〔駒込高〕
He ______ ______ Tokyo.

(2) 私たちはそのとき眠っていませんでした。
We ______ ______ then.

(3) 私たちは山へ登り，川で魚つりをしました。〔兵庫－改〕
We climbed a ______ and fished in a ______.

(1)		
(2)		
(3)		

3 次の(　)内の語を適当な形に直して書きなさい。(5点×2)

(1) She (send) a letter to a newspaper company and asked about the news.〔長野－改〕

(2) *A*: What were you doing then?
B: I was (swim) in the sea.

(1)	
(2)	

4 次の対話文が成り立つように，(　)にあてはまるものを選び，記号で答えなさい。(5点×2)

(1) *A*: Mt. Fuji is a mountain in Japan, right? (　　) high is it?〔静岡－改〕
B: It's 3,776 meters high.
ア What　イ Who　ウ How　エ Which

(2) *A*: Hello, this is Mike.〔兵庫－改〕
B: Hi, Mike. This is Junko.
A: (　　)
B: I'm sorry, but he is not home.
ア Are you free now?　イ Can I speak to your father?
ウ Can I speak to Junko?　エ What are you doing?

(1)	
(2)	

5 次の____にあてはまる語を書きなさい。(6点×3)

⑴ *A*: Where ______ you ______ yesterday?
　B: I went to the park.

⑵ *A*: What ______ they doing?　〔以上　佐賀ー改〕
　B: They are sitting under the tree.

⑶ *A*: Which color do you like, blue ______ white?　〔北海道ー改〕
　B: I like blue.

⑴	
⑵	
⑶	

6 次の対話文が成り立つように，（　）にあてはまるものを選び，記号で答えなさい。(5点×4)

⑴ *A*: How do you come to school every day, Mary?　〔京都ー改〕
　B: (　　)
　ア I come to school by train.　イ Yes, it is.
　ウ I came by bus.　エ Yes, I do.

⑵ *A*: I can't carry this bag.　It's too big.　〔三重ー改〕
　B: (　　)
　ア Please help me.　イ Let's help her.
　ウ Can I help you?　エ Thank you.

⑶ *A*: We have summer vacation in January.　In my country, it is very (　　) in January.　〔群馬ー改〕
　B: Oh, I heard about that.　Things are different in each country.
　ア hot　イ cold　ウ fine　エ sorry

⑷ *A*: Were you and Tom eating lunch at the restaurant?
　B: (　　) We were eating lunch at our house.
　ア Yes, we were.　イ No, we weren't.
　ウ Yes, we did.　エ No, we didn't.

⑴	
⑵	
⑶	
⑷	

7 休日に家の外にいたジャック(Jack)と弟のサム(Sam)と犬のロッキー(Rocky)のところへ，お父さん(Dad)がやってきました。この場面でお父さんの言葉に対してジャックは何と答えるとあなたは思いますか，その言葉を 10 語程度の英語で書きなさい。(8点)　〔千葉ー改〕

❷ 次の文章を読んで、あとの問いに答えなさい。

植物は、ハチやアブなどの昆虫《こんちゅう》に花粉を運んでもらって、種子を作る。花が高い位置にある方が、ハチやアブに見つけてもらいやすい。地べたに咲《さ》いていたのでは、ハチやアブに花粉を運んでもらえないのではないだろうか。

植物は、ハチやアブに花粉を運んでもらうことで、ほかの個体と交配してよい子孫を残すことができる。

□、雑草のなかには、次善の策として、ハチやアブが花粉を運んでくれなくても種子を残す「自殖性《じしょく》」という仕組みを発達させているものが多い。

そのため、たとえ昆虫がやってこなくても、種子を残すことができるのである。

花粉を運ぶことをあきらめて、自分の花粉を自殖する。これは一つの方策である。

一方、コニシキソウという雑草は、花粉を運ぶための別の方法を考えた。

コニシキソウは、歩道のブロックの隙間《すきま》などに生える、よく踏《ふ》まれている雑草である。

コニシキソウは、地面にぴったりと葉をつけて、横へ横へと伸《の》びていく。葉は平らで、地面と水平についている。まさに最初から踏まれることを想定した体のつくりをしているのである。

コニシキソウは、ハチやアブに花粉を運ばせることはあきらめた。コニシキソウの花粉を運ぶ役は、アリにまかせたのである。

アリは地べたを歩き回っている。そして、コニシキソウの蜜《みつ》をもらいながら、茎《くき》を伝って花から花へと花粉を運んでいくのである。

（稲垣栄洋《いながきひでひろ》「都会の雑草、発見と楽しみ方」）

(1) 本文中の□に入る最も適切な言葉を次から選び、記号で答えなさい。（10点）

ア ところが　**イ** すると　**ウ** すなわち　**エ** それとも　〔　　〕

(2) ——線部「種子を残すことができる」について、次の文は、このことについて筆者の考えをまとめたものである。あとの問いに答えなさい。（15点×2）

筆者は、種子を残すための方策として二つの方法を挙げ、種子を残すだけなら「A」という方法もあるが、B ためには、「花粉を運んでもらう」という方法が欠かせないことを述べている。

① A に入る言葉を、本文中から二字で抜き出して答えなさい。

② B に入る言葉を、本文中から十七字で探し、初めの三字を抜き出して答えなさい。

（宮城）

時間 30分　合格点 80点　得点 /100点　月　日

解答▼別冊 p.28

❶ 次の文章を読んで、あとの問いに答えなさい。（20点×3）

二〇一一年の梅雨《つゆ》明けは早かった。投げやりな雨の日が続くと思っていたら、突然猛暑《とつぜんもうしょ》になった。それも①日差しが違《ちが》う。

例年だと夏の始まりには遠慮《えんりょ》がある。どのぐらい照ったらよいのだろうかとの躊躇《ちゅうちょ》がお日様に感じられる。それまで雨雲のカーテンの向こうでぬくぬくしていたところを、突然人目に曝《さら》されてしまった戸惑《とまど》いがある。うぶなのだ。だから梅雨前線に取り残されてしまった要領の悪い湿《しめ》った空気の残党を炙《あぶ》って追いやることができない。てかりだした椿《つばき》の葉の上でそれが②一息ついているのを見てみぬ振《ふ》りする気の好《よ》さがある。

それが今年はどうだったろう。貴船《きぶね》の水まつりが終わった途端《とたん》、挨拶《あいさつ》なしで真夏になった。陽光は叩《たた》きつけるように降り注ぐ、正に怒濤《どとう》の勢いである。

節電は誰《だれ》もが心がけていた。出来るだけ辛抱《しんぼう》した。我《わ》が家などあまりエアコンとのお付き合いがない方と思うが、それでもいつも以上に注意した。

茶の湯では季節を遮断《しゃだん》しない。どのように手強《てごわ》い一日を迎《むか》えても、それと□道を探す。確かに猛暑だとそこから離《はな》れたくなる。しかし、茶室にはエアコンはない。扇風機《せんぷうき》もない。涼《すず》しくするのは難しい。但《ただ》し、涼しく感じあう工夫《くふう》がある。その工夫することが暑さとの折り合いをつける手立てなのだ。

たとえば七月や八月だと、細い水指《みずさし》の蓋《ふた》代わりに梶《かじ》の葉や蓮《はす》の葉などを用いる点前《てまえ》*がある。葉の上には水滴《すいてき》を打つ。よく見ると席中に入り込《こ》む昼の日差しが水滴に閉じ込められ、ぷるぷる震《ふる》えている。一瞬《いっしゅん》、暑さが遠のく。

工夫、と記してきたが、それは茶の湯の世界だけのものではない。誰でも出来るし、どこにでもある。面倒《めんどう》くさがらなければ、だが。

（千宗室《せんそうしつ》「工夫してみる」一部改変）

＊点前＝茶の湯の所作・作法。

(1) ――線部①「日差しが違う」とあるが、その様子を表現している最も適切な一文を本文中から抜《ぬ》き出し、その初めの三字を答えなさい。

(2) ――線部②「一息ついている」とあるが、「一息ついている」のは何か。最も適切な八字の言葉を、本文中から抜き出して答えなさい。

(3) □に入る最も適切な八字の言葉を、本文中から抜き出して答えなさい。

（福岡－改）

2 次の古文を読んで、あとの問いに答えなさい。

春はあけぼの。①やうやう白くなりゆく山ぎは、すこしあかりて、紫《むらさき》だちたる雲のほそくたなびきたる。

夏は□。月のころはさらなり、やみもなほ、蛍《ほたる》の多く飛びちがひたる。また、ただ②一つ二つなど、ほのかにうち光りて行くもをかし。雨などふるもをかし。

秋は夕暮れ。夕日のさして山の端《は》いと近うなりたるに、からすの寝《ね》どころへ行くとて、③三つ四つ、二つ三つなど飛び急ぐさへあはれなり。まいて雁《かり》などのつらねたるが、いと小さく見ゆるは、いとをかし。日入りはてて、風の音、虫の音《ね》など、はた④いふべきにあらず。

冬はつとめて。雪の降りたるはいふべきにもあらず、霜《しも》のいと白きも、またさらでもいと寒きに、火など急ぎおこして、炭もてわたるも、いとつきづきし。昼になりて、ぬるくゆるびもていけば、火桶《ひをけ》の火も白き灰がちになりてわろし。

（清少納言《せいしょうなごん》「枕草子《まくらのそうし》」）

(1) よく出る **仮名遣い** ——線部①「やうやう」を現代仮名遣いに直し、すべてひらがなで答えなさい。（6点）

〔　　〕

(2) **空欄補充《くうらんほじゅう》** □に入る最も適切な言葉を次から選び、記号で答えなさい。（6点）

ア あさ　イ ひる　ウ ゆふ　エ よる

〔　　〕

(3) **内容把握** ——線部②「一つ二つ」・③「三つ四つ、二つ三つ」は何の数を表しているか。それぞれ三字以内で古文中から抜き出して答えなさい。（6点×2）

② □□□　③ □□□

(4) **内容把握** ——線部④「いふべきにあらず」のあとに筆者の感想を表している言葉が省略されている。最も適切な言葉を古文中から探し、三字以内で抜き出して答えなさい。（14点）

□□□

(5) 差がつく **内容吟味** 古文中の季節に対する筆者の考えについて、適切でないものを次から選び、記号で答えなさい。（12点）

ア 春の明け方に、山際《やまぎわ》の空の色彩《しきさい》が刻々と変化するのがすばらしい。

イ 蛍の光る様子には夏らしい風情《ふぜい》があり、雨が降るときも良さを感じる。

ウ 秋の夕暮れにからすが飛び急ぐさまは、渡り鳥の雁よりも美しい。

エ 昼には冬の寒さも緩《ゆる》み、炭火まで緊張《きんちょう》感を失ってしまいよくない。

〔　　〕

（沖縄－改）

古文の基礎

月　日

POINT

①現代仮名遣《かなづか》いと歴史的仮名遣いとの違《ちが》いを理解しよう。
②現代では使われなくなった古典特有の古語（つとめて＝早朝・こぞ＝去年・いみじ＝大変だ など）や表現に慣れよう。
③古文では主語が省略されることが多いので、補いながら読もう。

確認問題

時間 30分　合格点 80点　得点　／100点

解答▼別冊p.27

1 次の古文を読んで、あとの問いに答えなさい。

ある犬、肉《ししむら》をくはへて河を①渡《わた》る。まん中ほどにて、その影《かげ》、水に映りて大きに見えければ、「わがくはふるところの肉より大きなる。」と心得て、②これを捨ててかれを取らんとす。*かかるがゆゑに、*二つながらこれを④うしなふ。

（「伊曾保《いそほ》物語」）

*かれを取らんとす＝それを取ろうとする。
*かかるがゆゑに＝そのために。
*二つながら＝二つとも。

(1) よく出る **動作主** ――線部①「渡る」の動作主（主語）を、古文中から抜《ぬ》き出して答えなさい。（10点）

〔　　〕

(2) 記述式 **内容吟味《ぎんみ》** ――線部②「これを……取らんとす」とあるが、なぜ犬は、「これ」よりも「かれ」のほうが欲《ほ》しいと思ったのか。その理由を「から。」に続くように三十字以内（句読点を含《ふく》む）で答えなさい。ただし、「これ」「かれ」がそれぞれ指している内容を具体的にわかるようにして答えること。（20点）

　　　　　　　　　　から。

(3) よく出る **仮名遣い** ――線部③「ゆゑに」・④「うしなふ」を現代仮名遣いに直し、すべてひらがなで答えなさい。（5点×2）

③〔　　〕
④〔　　〕

(4) **内容把握《はあく》** この古文は動物をたとえとして人間のある行為《こうい》を戒《いまし》めたものであるが、どのような行為を戒めたものか。最も適切なものを次から選び、記号で答えなさい。（10点）

ア 不親切な行為
イ 欲張りな行為
ウ 無責任な行為
エ 冷淡《れいたん》な行為

〔　　〕（岐阜）

「先生の思ったとおりだったな」

満足そうに古賀先生が言ったとき、谷川くんの足がちょっと早く出た。

「おっと」

おもいがけない力で左足が引っぱられて、バランスをくずしそうになった。そんなぼくの肩を、谷川くんがしっかりつかんだ。（　C　）

「ワンツ、ワンツー」

谷川くんが大きな声でリズムを示し、ぼくもそれに合わせて声をかける。

「ワンツー、ワンツ」

ぼくは懸命《けんめい》に足をあげた。だんだん調子が合ってきた。ふたつの足が、リズムよく地面をけりはじめる。

「ワンツ、ワンツ」

ふたりの足は自然と速くなった。歩幅《ほはば》はちゃんと合っている。（　D　）

エ「もうすぐゴールだ」

谷川くんが言って、ぼくは前を見た。本当だ。ゴールがどんどん近づいてくる。ゴールラインを見つめたまま、ぼくは一直線に走った。

「ゴール！」

内藤くんの声がひびいて、ぱちぱちと、拍手《はくしゅ》がきこえた。

ぼくは谷川くんが突《つ》き出したこぶしに、自分のこぶしを突きあてた。

運動会まで、あと三日。

（まはら三桃《みと》「ぼくらの歩幅」）

(1) **内容把握《はあく》** ——線部「いいものを持ってきたんだ」と言った人物が発した別の言葉を次から一つ選び、記号で答えなさい。（20点）

ア「なんですか、これ」　イ「ここまでだぞ～」

ウ「おー、いいじゃないか」　エ「もうすぐゴールだ」

〔　　〕

(2) 差がつく **脱文挿入《だつぶんそうにゅう》** この文章には、次の一文が抜《ぬ》けている。本文中の（A）～（D）のうち、どこに入るか。最も適切な箇所《かしょ》を選び、記号で答えなさい。（30点）

ぼくもたすきをにぎる手に力をこめて、なんとかもちなおした。

〔　　〕

(3) よく出る **内容把握** ══線部「ワンツー、ワンツー」「ワンツ、ワンツー」「ワンツー、ワンツ」「ワンツ、ワンツ」とあるが、このようなかけ声の変化から、「ぼく」と谷川くんのどのような変化が読み取れるか。次から一つ選び、記号で答えなさい。（20点）

ア 「ぼく」と谷川くんのリズムが合って、だんだんスピードが上がってきている様子。

イ ゴールが近づくにつれ、「ぼく」と谷川くんの息が合わなくなってきている様子。

ウ 疲《つか》れはじめた谷川くんを、「ぼく」が必死に励《はげ》まし、奮い立たせようとしている様子。

エ ゴールを目前にして、「ぼく」と谷川くんがよりいっそう慎重《しんちょう》になっている様子。

〔　　〕

(4) **表現理解** 「ぼく」と谷川くんの達成感が最もよく表現されている一文の初めの五字を、本文中から抜き出して答えなさい。（30点）

（山口）

POINT
①それぞれの登場人物とその間柄《あいだがら》、行動などに着目しよう。
②場面をおさえるとともに、登場人物の会話部分などから、人物の心の動きをとらえよう。
③作者が描《えが》こうとしているもの(主題)は何かを考えよう。

確認問題

時間 30分
合格点 80点
得点　　/100点

解答▼別冊 p.27

1 次の文章を読んで、あとの問いに答えなさい。

〔「ぼく」(優斗《ゆうと》)と、谷川《たにがわ》くん(真吾《しんご》)は、担任の古賀《こが》先生のアドバイスを受けて、運動会の二人三脚《さんきゃく》の練習をしていた。〕

「いいものを持ってきたんだ」
ポケットの中から、白い布を取り出した。はちまきの親玉みたいな長細い布だ。
「たすきだ」
古賀先生は、にやりと笑ってたすきを谷川くんの体にしばりはじめた。
ア「なんですか、これ」
とつぜん胸のあたりをしばられて、谷川くんはあたふたしている。
「おまえたちが二人三脚をするのにちょうどいいと思ってな。優斗が真吾のTシャツをにぎると、のびるばかりだろ。それでたすきの登場だ。胸にしっかり巻いたたすきをにぎれば、優斗の体も安定する」
古賀先生は自信満々に言った。
さっそく、グラウンドに出て練習をすることにした。ぼくは、谷川くんの背中のたすきをしっかりにぎる。今度は心細くない。古賀先生の言ったとおり、しっかりした手ごたえがあった。そのうえ谷川くんが、がっしりとぼくの左肩《ひだりかた》をつかんだので、さらに上半身は安定した。
「がんばれー」
ゴールラインで、クラスのみんなが待っていた。
イ「ここまでだぞ〜」
内藤《ないとう》くんが、手をふりまわしているのが見えた。ぼくは、ぎゅっとたすきをにぎった。
「せーの」
「ワンツー、ワンツー」
谷川くんのかけ声に、ぼくも大声を出した。(A)
外、内、外、内……。
心の中で言いながら、ぼくらは走りはじめる。谷川くんの大きな足にぴったりとくっついたぼくの足が、グラウンドをふみつける。前にやったときには、すぐに転びそうになったのに、ちゃんと前に進んでいる。ぼくはたすきをしっかりにぎって足をはこぶ。
ウ「おー、いいじゃないか」
となりを走っていた古賀先生が、声をあげた。
外、内、外、内……。(B)
足を確認《かくにん》しながら、ぼくは交互《こうご》に足を出す。

2 次の文章を読んで、あとの問いに答えなさい。

日本人は、原色よりも少々水でぼかした中間色を好む傾向《けいこう》にある。花の色でも淡《あわ》い色が好きである。

この間、ラジオで興味深い話を聞いた。桜の良さを知ってもらおうと、いろいろな国に桜の木の植えつけを試みている人が話していたことだが、海外で好まれるのは、もっぱら八重《やえ》桜だそうである。日本人に人気がある吉野山《よしのやま》などの山桜は、あまり人気がないということだった。

山桜は、ほとんど白に近いといっていい淡いピンク。八重桜は花弁が何重かに密生していて花もハデだが、色も濃《こ》い。日本人はどちらかというと、霞《かすみ》がたなびくような桜の風景が好きである。ここらへんにも、美的感覚の違いがでてくるのである。

湿気《しっけ》、水というものは、ものを薄《うす》め、柔《やわ》らかくする。日本人自身についても、そういう傾向はないだろうか。

人間関係において、敵対するのを嫌《きら》う性格。白黒をはっきりさせないで、あいまいにぼかす対し方も、よく日本人の特徴《とくちょう》としていわれることである。こうした態度は、もとはといえば、柔らかいやさしい心から出たものである。

湿気の生んだ日本文化は、はっきりしたものを嫌う美的感覚があった。□、日本人の美意識として、はっきりしたもののいい方や自己主張を美しくないという考えが起こったといえる。ひかえめなことが美徳だったのである。まさに、日本は、ぼかし文化、または水割り文化であるといえるのではないだろうか。

（樋口清之《ひぐちきよゆき》「水と日本人」）

---

(1) 記述式 **指示内容** ——線部「こうした態度」とあるが、どのような態度か。本文中の言葉を用いて答えなさい。（20点）

〔　　〕

(2) よく出る **接続語補充** □に入る言葉として最も適切なものを次から選び、記号で答えなさい。（10点）

ア しかし　イ または　ウ そこで　エ ただし　〔　　〕

(3) **要旨** 本文の要旨として最も適切なものを次から選び、記号で答えなさい。（20点）

ア 八重桜は、日本人の繊細《せんさい》な美的感覚をあらわすものとして海外で有名であり、日本国内でもその愛好者が増加している。

イ 原色より淡い色を好むというような日本人の美的感覚は、人間関係でも、はっきりしたものを嫌う傾向となってあらわれている。

ウ 霞のたなびく春の風景に山桜は似合うが、日本人の美的感覚では、そういった風景のもつ淡い中間色の美しさが理解されにくい。

エ 日本文化は、はっきりしたものを嫌う美的感覚を育てたが、色《しき》彩《さい》面では淡い色よりも原色系のものを好む傾向にある。

〔　　〕

（三重）

第4日

国語

説明的文章の読解

月　日

POINT
①筆者が取り上げた話題が何かをつかみ、それをどのように主張・説明しているのか読み取ろう。
②各段落の要点や筆者の考え（要旨《ようし》）を整理しよう。
③空欄補充《くうらんほじゅう》の問題は、空欄の前後を特に丁寧《ていねい》に読もう。

確認問題

時間 30分　合格点 80点

得点　　/100点

解答▼別冊p.26

1 **次の文章を読んで、あとの問いに答えなさい。**

新聞のコラム＊とは、いったい何だろう。

そう問われて、「それは食事のようなものである。とにかく毎日、何らかの料理をつくって出さなければならない。」と、あるところに書いたことがある。これは、提供する側、つまり書く側が感じている、ごく実際的で切実な思いである。

「それも、朝食というよりは、昼食に似たものである。」とも書き添《そ》えた。いわゆる日替《ひが》わりの献立《こんだて》だ、という意味である。

そもそも朝食というものは、和食であれ、洋食であれ、比較《ひかく》的一律の献立でできているものだ。人は一般《いっぱん》に朝食については［A］的だ、などともいう。毎朝同じようなものを食べても、それが苦になることはあまりない。いや、むしろ、まったく同じものが出てくる方が安定した気分で一日を始められる、と思う人もいるくらいである。

［B］昼食は違《ちが》う。来る日も来る日も同じ料理が出てくるのでは、うんざりするだろう。日によって異なる献立を楽しみたい、コラムを読む人の気分も、これに似ている。今日は何を食べさせてくれるかという期待や、出されるものの意外性が大切なのだ。［C］毎日、前の日とは違った料理をつくることになる。材料は、その朝、市場に入荷《にゅうか》したばかりの新鮮《しんせん》なものがよい。あるいは庭や畑に出て行って、収穫《しゅうかく》してきたばかりのものが好ましい。

つまり、ニュースを素材にするのがよい、ということである。

（白井《しらい》健策《けんさく》『天声人語』の七年）

＊コラム＝新聞などで、短い評論などを掲載《けいさい》する囲み記事。

(1) **空欄補充** ［A］に入る最も適切な言葉を次から選び、記号で答えなさい。（10点）

ア 保守　**イ** 個性　**ウ** 多元　**エ** 道徳

［　　］

(2) **接続語補充** ［B］・［C］に入る言葉の組み合わせとして最も適切なものを次から選び、記号で答えなさい。（10点）

ア Bだが―Cなぜなら　**イ** Bしかし―Cそこで
ウ Bだから―Cしたがって　**エ** Bけれども―Cまたは

［　　］

(3) 差がつく 記述式 **要旨** 本文の内容を踏《ふ》まえて、新聞のコラムの書き方について説明しなさい。ただし、「読者」「素材」「内容」の三つの言葉を用いること。（30点）

［　　　　　　　　］

2 次の文章を読んで、あとの問いに答えなさい。

一般《いっぱん》に市民は(SF小説に慣らされているためか)、宇宙の大きさに関する実感がない上に、宇宙旅行は簡単であると考えている。[　　]、私たちに接触《せっしょく》できる時代に生きている宇宙人の数を計算してみると、どんなに近くにあったとしても地球から五〇〇〇光年は離《はな》れている。光速で飛行したとしても五〇〇〇年①かかるのだから、とても生き長らえて宇宙旅行が続けられるはずがない(物体の速度には光速の壁《かべ》があることは厳然たる物理の法則であり、光速以上に飛べる宇宙船はまさにSFでしかない)。②それだけでなく、光速近くの速度で飛行するロケットはたやすく実現できそうに思われそうだが、そう簡単ではないことも科学者の常識である。現在の人類が手にしている技術では、せいぜい光速の一万分の一までしか宇宙船を加速できていない。原理的に考え得《う》る可能な技術が実現できたとしても、(実際には実現できそうにないが)、光速の一〇分の一程度が限度だろう。③それでは五万年もかかるから宇宙旅行はとても不可能だと誰《だれ》にもわかるはずである。科学者が宇宙人の乗り物としてのUFOを信じないのは、④以上のような理由のためなのだ。

(池内了《いけうちさとる》「科学と人間の不協和音」)

(1) よく出る **接続語補充** [　　]に入る最も適切な言葉を次から選び、記号で答えなさい。(5点)

ア だから　イ なぜなら　ウ そのうえ　エ しかし　〔　　〕

(2) **接続語** ——線部①「かかるのだから」を接続語を用いて書き直す場合、最も適切なものを次から選び、記号で答えなさい。(5点)

ア かかる。なぜなら　イ かかる。したがって

ウ かかる。ところが　エ かかる。もしくは　〔　　〕

(3) **指示内容** ——線部②「それだけでなく」の、「それ」が指す内容として最も適切なものを次から選び、記号で答えなさい。(10点)

ア 私たちが接触できる時代に生きている宇宙人は少ないこと。

イ 市民は一般に宇宙の大きさを実感していないこと。

ウ 光速に近い速度の宇宙ロケットは実現不可能なこと。

エ 生き長らえて宇宙旅行は続けられないこと。　〔　　〕

(4) **指示内容** ——線部③「それ」の指示内容をまとめた次の文の[　　]に入る言葉を、本文中から八字で抜き出して答えなさい。(10点)

技術が進歩しても、[　　]ぐらいにしか加速できないこと。

(5) 差がつく 記述式 **内容把握** ——線部④「以上のような理由」の、「以上のような」にあたる内容は大きく二つあり、一つは「地球にたどり着くまで生き長らえて宇宙旅行を続けることはできない」点である。もう一つの内容を本文中の言葉を用いて、三十五字以内(句読点を含《ふく》む)で答えなさい。(20点)

指示語・接続語

月　　日

POINT

①指示語と接続語の働きを理解し、文章内容を正しくつかもう。
②指示語が指す内容は直前から読み取るのが基本だが、あとの内容を指すこともあるため、文脈をしっかりとおさえよう。
③接続語は、前後の内容の関係から判断する。

確認問題

時間 30分　合格点 80点　得点　　/100点

解答▼別冊p.25

1 次の文章を読んで、あとの問いに答えなさい。

私は、多くの現代人のように自分が生きるのに夢中で、自分のまわりにある植物にほとんど注意を払《はら》ったことがない。日本人は花の咲《さ》く樹木については、梅だ桜だとその木を愛《め》でるが、花が咲かない□花が美しくない樹木については関心がなく、庭に生えていてもその名さえ知らない有様《ありさま》である。私もまた①そのような樹木について、ほとんど何も知らないで今まで人生を送ってきたが、この頃《ごろ》、樹木が何か不思議な意思をもっているように思われて仕方がない。

②たとえば樹木は、杉《すぎ》や竹などを除いてはほとんどまっすぐに伸《の》びない。曲がりくねって左右に枝を出している。その枝の出ている場所も千差万別《ばんべつ》であるが、樹木は植えられたとき既《すで》に、大きくなってこの場所にこのような枝を出すと決められているわけではあるまい。他の樹木との関係を考慮《こうりょ》して、もっとも合理的と思われる場所にもっとも合理的と思われる枝を出すにちがいない。

ちょうど一つの会社が己《おのれ》の発展を図《はか》るために、もっとも発展に都合がよいと思われる場所に、もっとも発展が可能な形の支店を出すように、一つの木の枝もそのような緻密《ちみつ》な計算の結果、出されるにちがいない。一つの木を見ていると、③その計算の精密さがよく感じ取れるのである。

（梅原猛《うめはらたけし》「自然と人生　思うままにⅡ」）

(1) よく出る　**接続語補充《ほじゅう》**　□に入る最も適切な言葉を次から選び、記号で答えなさい。(10点)

ア あるいは　イ だから　ウ だが　エ ただし　〔　　〕

(2) **指示語**　――線部①「そのような樹木」と対比的に述べられているのはどのような樹木か。「樹木」に続くよう本文中から四字で抜《ぬ》き出しなさい。(15点)

［　　　　］樹木

(3) **内容把握《はあく》**　――線部②「たとえば」以降で述べられているのは何の例か。最も適切なものを次から選び、記号で答えなさい。(10点)

ア 多くの現代人が生きるのに夢中で植物には関心がないこと。
イ 樹木が何か不思議な意思をもっていると思えること。
ウ 日本人が花の美しくない樹木には関心がないこと。
エ 日本人が、特に花の美しく咲く樹木を愛でること。
〔　　〕

(4) **指示語**　――線部③「その計算の精密さ」とあるが、筆者は樹木がどんなことを精密に計算していると考えているか。それをまとめた次の文の□に共通して入る言葉を、本文中から三字で抜き出して答えなさい。(15点)

もっとも□な場所に、もっとも□な枝を出すこと。

［　　　］

4 よく出る **文節相互の関係**　**次の文の――線部の文節と══線部の文節の関係をあとから一つ選び、記号で答えなさい。**（8点）

丘《おか》の　上の　大きな　家まで　ゆっくり　歩く。

ア 主・述（主語・述語）の関係
イ 修飾・被修飾の関係
ウ 並立の関係
エ 補助の関係

〔　　〕（埼玉）

5 **文の成分・文節相互の関係**　**次の問いに答えなさい。**（4点×8）

(1) 次の文の――線部は、どのような文の成分にあたるか。あとから一つずつ選び、記号で答えなさい。

① 熱心に勉強する。
② ペンとインキを準備する。
③ 雨が激しく降る。
④ 四月九日、その日が入学式です。

ア 主語　イ 述語　ウ 修飾語　エ 接続語　オ 独立語

①〔　　〕②〔　　〕③〔　　〕④〔　　〕

(2) 次の文の（　）内の関係は、□と――線部がどのような関係にあるかを表したものである。□に入る適切な語をあとから一つずつ選び、記号で答えなさい。

① 公園では、□子供たちが遊んでいる。（連体修飾関係）
ア 小さな　イ ずっと　ウ 明るく　エ 元気に

② この川は□広い。（並立の関係）
ア 深いから　イ 深くて　ウ 浅いのに　エ 浅いが

③ □花が咲《さ》いているよ。（連用修飾関係）
ア 赤い　イ 美しく　ウ きれいな　エ おや

④ 「急いでください。」「□、承知しました。」（独立の関係）
ア 本当に　イ はい　ウ すぐに　エ 心から

①〔　　〕②〔　　〕③〔　　〕④〔　　〕

（高知学芸高―改）

6 **次の問いに答えなさい。**（4点×2）

(1) **誤文訂正《ていせい》**　次の文は、――線部の「砂糖を」と「入っている」との言葉の関係が不適切である。この文の内容を変えないように、「入っている」の部分を適切な形に直しなさい。

姉は、スプーン一杯《いっぱい》の砂糖をいつも紅茶に入っている。

〔　　〕

(2) **文節相互の関係**　次の文は、うれしそうなのが「お母さん」の場合と、「園児たち」の場合の、二つの異なる解釈《かいしゃく》ができる。うれしそうなのが「お母さん」だけであると解釈できる文にするためには、どの場所に読点を打てばいいか。あとから一つ選び、記号で答えなさい。

お母さんはうれしそうに走ってくる園児たちに声をかけた。

ア 「お母さんは」のあと
イ 「うれしそうに」のあと
ウ 「走ってくる」のあと
エ 「園児たちに」のあと
オ 「声を」のあと

〔　　〕（北海道）

国語

言葉のきまり

月　　日

POINT

①単語は、文節を組み立てている一つ一つの語で、品詞は、単語の性質や働きによる文法上の名前、ということを理解しておこう。
②文節相互《そうご》の関係（主・述の関係、修飾《しゅうしょく》・被《ひ》修飾の関係、接続の関係、独立の関係、並立《へいりつ》の関係、補助の関係）の理解を深めよう。

確認問題

時間 30分　合格点 80点　得点　/100点

解答▼別冊 p.25

1 品詞の働き　次の品詞を文法的に説明したものがあとのア～コである。それぞれどれを説明しているか。ア～コから一つずつ選び、記号で答えなさい。（2点×10）

(1) 動詞〔　〕　(2) 形容詞〔　〕
(3) 形容動詞〔　〕　(4) 名詞〔　〕　(5) 副詞〔　〕
(6) 連体詞〔　〕　(7) 接続詞〔　〕
(8) 感動詞〔　〕　(9) 助動詞〔　〕　(10) 助詞〔　〕

ア 独立成分となる。単独で文を作ることがある。
イ 述語や修飾語になる。連用修飾語を受ける。終止形「だ」。
ウ 文と文・文節と文節とをつなぐ。
エ 用言・体言について、さまざまな意味を添《そ》える。活用する。
オ 文の主語となる。活用しない。
カ 体言を修飾する。活用しない。
キ 文の述語となって、成分をまとめる。終止形「ウ」段の音。
ク 主として連用修飾語になる。活用しない。
ケ 文節の終わりの部分について他の語との関係に一定の意味を添える。活用しない。
コ 述語や修飾語になる。状態・性質を表す。終止形「い」。

（芝浦工業大柏高）

2 用言　次は、夏目漱石《なつめそうせき》著「坊《ぼ》っちゃん」の一部である。この文章中に、用言（活用のある自立語）はいくつあるか。あとから一つ選び、記号で答えなさい。（7点）

そんなものは欲《ほ》しくないと、いつでも清《きよ》に答えた。すると、あなたは欲が少なくって、心がきれいだと言って、またほめた。

ア 四つ　イ 五つ　ウ 六つ　エ 七つ　〔　〕

（埼玉）

3 文節区分　次の文はいくつの文節に分けられるか。それぞれ算用数字で答えなさい。（5点×5）

(1) 常に他の人と共通の場面をもつことはできない。
(2) 父親が姉に話していた。
(3) それゆえ私はそのことをそううれしくは感じなかった。
(4) 家の前に立っているかわいらしい少女は彼《かれ》の妹らしい。
(5) 昨日から激しく降りしきった雪はすっかりやんだ。

(1)〔　〕　(2)〔　〕　(3)〔　〕
(4)〔　〕　(5)〔　〕

（目黒日本大高）

6 **音訓** あとの〰〰線部を漢字で書いたとき、次の文のコウ築のカタカナ部分を漢字で書いたものと同じになるものを選び、記号で答えなさい。（4点）

自分の晩年の居場所をコウ築したのである。

ア 今年の正月は雪がフった。
イ 雲ひとつない青空がスきだ。
ウ 指揮者の合図で楽器をカマえた。
エ 久しぶりに畑をタガヤした。

〔　　〕（京都）

7 **異なる音読み** 次の文の——線部の漢字と同じ読みをするものをあとから選び、記号で答えなさい。（4点）

彼《かれ》の説明に納得した。

ア 納入　イ 納豆　ウ 収納　エ 納戸　オ 出納

〔　　〕（仙台育英学園高）

8 よく出る **成り立ち** 次の漢字と成り立ちが同じものをそれぞれあとから選び、記号で答えなさい。（2点×4）

(1) 耳〔　　〕　(2) 明〔　　〕
(3) 洋〔　　〕　(4) 天〔　　〕

ア 岩　イ 頭　ウ 手　エ 下

9 **音読み** 次の漢字の音読みをひらがなで答えなさい。（2点×6）

(1) 困〔　　〕　(2) 策〔　　〕
(3) 刻〔　　〕　(4) 背〔　　〕
(5) 将〔　　〕　(6) 探〔　　〕

10 **音読み** 次の——線部の漢字と同じ音読みをもつ漢字をそれぞれあとから選び、記号で答えなさい。（2点×3）

(1) この道は自動車がさかんに往来する。〔　　〕
(2) 人体に危害を及《およ》ぼす化学物質もある。〔　　〕
(3) 目の前をバスが通過した。〔　　〕

ア 仮　イ 央　ウ 宅　エ 貴　オ 録

11 **訓読み** 次の漢字の訓読みを、送り仮名に合うようにそれぞれひらがなで答えなさい。（2点×6）

(1) 負う〔　　う〕　(2) 供える〔　　える〕
(3) 苦い〔　　い〕　(4) 幸い〔　　い〕
(5) 裁く〔　　く〕　(6) 治める〔　　める〕

12 **訓読み** 次の言葉を漢字と送り仮名で答えなさい。（2点×6）

(1) きえる〔　　〕　(2) あびる〔　　〕
(3) こころみる〔　　〕　(4) いとなむ〔　　〕
(5) あらためる〔　　〕　(6) みじかい〔　　〕

漢字と語句

(漢字の成り立ち・部首・音訓)

月　日

POINT

①漢字の六書《りくしょ》(象形・指事・会意・形声・転注・仮借《かしゃ》)を理解しよう。
②部首(へん・つくり・かんむり・あし・にょう・たれ・かまえ)の位置を正しく覚えよう。
③音は熟語を踏《ふ》まえて考え、訓は送り仮名に注意しよう。

確認問題

時間 30分　合格点 80点　得点 /100点

解答▼別冊p.24

1 差がつく　**六書の知識**　次の漢字はそれぞれどの文字に分類できるか。あとから選び、記号で答えなさい。(2点×8)

(1) 末〔　〕　(2) 月〔　〕
(3) 林〔　〕　(4) 江〔　〕
(5) 馬〔　〕　(6) 看〔　〕
(7) 星〔　〕　(8) 本〔　〕

ア 形声文字　イ 会意文字　ウ 象形文字　エ 指事文字

〔法政大国際高－改〕

2 **部首**　昔の中国では、貝がらをお金として用いていたそうだ。漢字の中で、お金に関係のある字にこの「貝」が部首として用いられることが多いのは、そのためである。例 財―財産 にならって、「貝」を部首としたお金に関係のある漢字を三つ答え、それぞれの字を用いた二字の熟語を作りなさい(その字が、上についても下についてもかまいません)。(完答4点×3)

□―□□・□―□□・□―□□

〔青森〕

3 **部首**　次の行書で書かれた漢字を楷書《かいしょ》で正しく書いた場合、「定」の部首の画数と同じ画数の部首で構成されている漢字を選び、記号で答えなさい。(4点)

ア 空　イ 祈　ウ 点　エ 奇

〔　〕

〔宮崎〕

4 **部首**　次の部首のもととなっている言葉をそれぞれあとから選び、記号で答えなさい。(2点×3)

(1) 刂〔　〕　(2) 礻〔　〕　(3) 广〔　〕

ア 道　イ 家屋　ウ 神　エ 衣服　オ 刀

5 **部首・楷書**　次の□の漢字は、行書で書かれている。この漢字の部首名をひらがなで答えなさい。また、この漢字を含《ふく》む二字の熟語を楷書で答えなさい。(2点×2)

植

部首名〔　〕

二字の熟語 □□

〔宮崎〕

装丁・本文デザイン　ブックデザイン研究所
図　版　ユニックス
イラスト　京田クリエーション

中１５科の完全復習

編著者　高校入試問題研究会
発行者　岡本泰治
印刷所　寿印刷
発行所　受験研究社

〒550-0013 大阪市西区新町２丁目19番15号
注文・不良品などについて：(06)6532-1581(代表)／本の内容について：(06)6532-1586(編集)

Printed in Japan　高廣製本
落丁・乱丁本はお取り替えします。

学習記録表

中学1年／5科の完全復習

●テストの結果を棒グラフで記録していくと，自分の弱点項目が一目でわかります。

●弱点がわかったら，教科書・参考書で確認すること，そして多くの問題を確実に解くことが大切です。

●満点がとれなかった項目は必ず再学習をし，完全に理解しておきましょう。

数学

	目次	時間	合格点	60点	70	80	90	100
第1日	正の数・負の数	30分	80点					
第2日	文字と式	30	70					
第3日	1次方程式	30	70					
第4日	比例と反比例	30	70					
第5日	平面図形	30	70					
第6日	空間図形	30	70					
第7日	数学 仕上げテスト	40	70					

社会

	目次	時間	合格点	60点	70	80	90	100
第1日	世界と日本のすがた	30分	70点					
第2日	世界のさまざまな地域 (1)	30	70					
第3日	世界のさまざまな地域 (2)	30	70					
第4日	古代までの日本	30	70					
第5日	中世の日本	30	70					
第6日	近世の日本	30	70					
第7日	社会 仕上げテスト	30	70					

ひっぱると，はずして使えます。

中1 5科の完全復習

数学 社会 理科 英語 国語

解答編

受験研究社

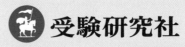

解答編

数学 Mathematics

第1日 正の数・負の数

⇒p.2~p.3

1 (1)3，−3 (2)9個

(3)① $-3<+1$ ② $-5>-7$ ③ $-\frac{1}{3}>-\frac{2}{5}$

2 (1)−18 (2)−5 (3)5 (4)−4 (5)12

(6)$\frac{8}{21}$

3 (1)−18 (2)−2 (3)−16 (4)$-\frac{3}{2}$

(5)$\frac{2}{5}$ (6)$-\frac{1}{6}$

4 (1)−10 (2)13 (3)12 (4)−36 (5)18

(6)$-\frac{7}{8}$ (7)−5 (8)−20

5 $n=30$

6 9本

解説

1 (1)数直線上に表すと，次のようになる。

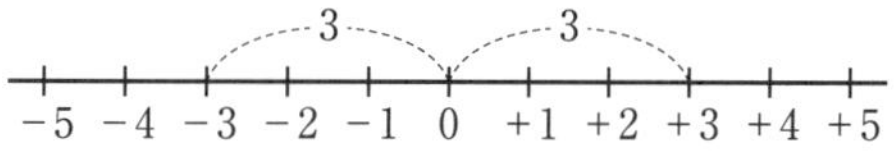

よって，絶対値が3である数は −3 と 3 である。

(2)絶対値が5より小さい整数は，

−4，−3，−2，−1，0，1，2，3，4の9個である。

(3)①負の数は正の数より小さいから，−3のほうが +1より小さい。

②負の数は絶対値が大きいほど小さくなるから，−7のほうが −5より小さい。

③ $-\frac{1}{3}=-\frac{5}{15}$，$-\frac{2}{5}=-\frac{6}{15}$ より，負の数は絶対値が大きいほど小さい数だから，$-\frac{2}{5}$ のほうが $-\frac{1}{3}$ より小さい。

2 (1)$-13-5=-(13+5)=-18$

(2)$4-9=-(9-4)=-5$

(3)$-7+12=+(12-7)=5$

(4)$5+(-9)=-(9-5)=-4$

(5)$4-(-8)=4+(+8)=12$

(6)$-\frac{1}{3}+\frac{5}{7}=-\frac{7}{21}+\frac{15}{21}=+\left(\frac{15}{21}-\frac{7}{21}\right)=\frac{8}{21}$

3 (1)$6\times(-3)=-(6\times3)=-18$

(2)$(-12)\div6=-(12\div6)=-2$

(3)$(-8)\div2\times4=-(8\div2\times4)=-16$

(4)$-\frac{2}{3}\div\frac{4}{9}=-\left(\frac{2}{3}\times\frac{9}{4}\right)=-\frac{3}{2}$

(5)$\left(-\frac{8}{15}\right)\times\left(-\frac{3}{4}\right)=+\left(\frac{8}{15}\times\frac{3}{4}\right)=\frac{2}{5}$

(6)$\frac{7}{4}\div\left(-\frac{14}{3}\right)\times\left(-\frac{2}{3}\right)^2=\frac{7}{4}\times\left(-\frac{3}{14}\right)\times\frac{4}{9}$

$=-\left(\frac{7}{4}\times\frac{3}{14}\times\frac{4}{9}\right)$

$=-\frac{1}{6}$

4 (1)$2+4\times(-3)=2+(-12)=-10$

(2)$10-12\div(-4)=10-(-3)=10+3=13$

(3)$-2^2+(-4)^2=-4+16=12$

(4)$-6^2\div2-2\times(-3)^2=(-36)\div2-2\times9$

$=(-18)-18$

$=-18-18=-36$

(5)$4+5\div\left(\frac{1}{2}-\frac{1}{7}\right)=4+5\div\left(\frac{7}{14}-\frac{2}{14}\right)$

$=4+5\div\frac{5}{14}$

$=4+5\times\frac{14}{5}$

$=4+14=18$

(6)$\frac{1}{4}-3\times\left(\frac{7}{8}-\frac{1}{2}\right)=\frac{1}{4}-3\times\left(\frac{7}{8}-\frac{4}{8}\right)$

$=\frac{1}{4}-3\times\frac{3}{8}$

$=\frac{1}{4}-\frac{9}{8}$

$=\frac{2}{8}-\frac{9}{8}=-\frac{7}{8}$

(7)$(-3)^2+7\div\left(-\frac{1}{2}\right)=9+7\times(-2)$

$=9+(-14)$

$=-5$

(8)$(-2)^3+(-3^2)\div\frac{3}{4}=(-8)+(-9)\times\frac{4}{3}$

$=(-8)+(-12)$

$=-20$

✔弱点チェック 累乗《るいじょう》の計算に気をつける。
(4) $(-3)^2=(-3)\times(-3)=9$
(8) $-3^2=-(3\times3)=-9$

5 ある自然数の平方になる数は，n でわった各素数の指数が偶数《ぐうすう》になる。
5880 を素数の積に分解すると，
$5880=2^3\times3\times5\times7^2$ これを $2\times3\times5=30$ でわると，$2^3\times3\times5\times7^2\div(2\times3\times5)=2^2\times7^2=(2\times7)^2=14^2$
したがって，$n=30$

6 6 試合の目標ゴール数とのちがいの合計は，
$(-3)+(-1)+(+8)+(+5)+(-4)+(+5)$
$=+10$ (本)
6 試合の合計ゴール数は 82 本だから，目標ゴール数は，$(82-10)\div6=12$ (本)
よって，第 1 試合のゴール数は，
$12+(-3)=9$ (本)

第2日 文字と式

⇒p.4〜p.5

1 $\dfrac{ab}{5}$

2 (1) $\dfrac{a}{8}$ m (2) $\dfrac{3a+4b}{7}$ 円 (3) $5x+2y<40$

3 (1) -1 (2) 1 (3) 10 (4) 13

4 (1) $11a-9$ (2) $13a$ (3) $\dfrac{11}{20}x+\dfrac{23}{20}$
(4) $\dfrac{7a+1}{15}$

5 (1) 23 枚 (2) $(2n+10)$ cm

6 (1) n^2 (2) 227

解説

1 $a\div5\times b=\dfrac{a}{5}\times b=\dfrac{ab}{5}$

✔弱点チェック 乗法と除法の混じった計算では，**左から順に計算すること。**
つまり，$a\div5\times b$ は $\dfrac{a}{5b}$ ではない。

2 (1) $a\div8=\dfrac{a}{8}$ (m)
(2) 買い物の合計金額は，$a\times3+b\times4=3a+4b$ (円)
これを 7 人で等分するから，1 人分は，
$(3a+4b)\div7=\dfrac{3a+4b}{7}$ (円)
(3) 1 個 5 kg の品物 x 個と 1 個 2 kg の品物 y 個の重さの合計は，$5\times x+2\times y=5x+2y$ (kg)
これが 40 kg 未満だったから，$5x+2y<40$

3 (1) $2x-7=2\times3-7=6-7=-1$
(2) $\dfrac{a}{5}-\dfrac{10}{a}=\dfrac{-5}{5}-\dfrac{10}{-5}=(-1)-(-2)=1$
(3) $a^2-2b=(-4)^2-2\times3=16-6=10$
(4) $x^2+2y^2-3y=(-2)^2+2\times3^2-3\times3$
$=4+18-9=13$

解き方のコツ 負の数を代入するときは，かっこをつける。

4 (1) $4a-(9-7a)=4a-9+7a=11a-9$
(2) $3(a-4)+2(5a+6)=3a-12+10a+12=13a$
(3) $\dfrac{1}{4}(7x+3)-\dfrac{1}{5}(6x-2)=\dfrac{7}{4}x+\dfrac{3}{4}-\dfrac{6}{5}x+\dfrac{2}{5}$
$=\dfrac{35}{20}x-\dfrac{24}{20}x+\dfrac{15}{20}+\dfrac{8}{20}$
$=\dfrac{11}{20}x+\dfrac{23}{20}$
(4) $\dfrac{2a-1}{3}-\dfrac{a-2}{5}=\dfrac{5(2a-1)-3(a-2)}{15}$
$=\dfrac{10a-5-3a+6}{15}$
$=\dfrac{7a+1}{15}$

5 (1) 1 番目の図形は 5 枚のタイルでできており，以降 3 枚ずつ増えることから，n 番目の図形に必要なタイルの枚数は，
$5+3(n-1)=3n+2$ (枚)
したがって，7 番目の図形に必要な枚数は，$n=7$ を代入して，
$3\times7+2=23$ (枚)
(2) 上下はどちらも n cm，左右はどちらも 5 cm ずつなので，$n\times2+5\times2=2n+10$ (cm)

6 (1) 右の図のように第 1 列の数に着目する。

	第1列	第2列	第3列	第4列	第5列	・
第 1 行➡	1	2	5	10	17	・
第 2 行➡	4	3	6	11	18	・
第 3 行➡	9	8	7	12	・	・
第 4 行➡	16	15	14	13	・	・
・	・	・	・	・	・	・

第 1 行 ⟶ 1 … 1^2
第 2 行 ⟶ 4 … 2^2
第 3 行 ⟶ 9 … 3^2
第 4 行 ⟶ 16 … 4^2
} $○^2$ の形

したがって，第 n 行で第 1 列の数は n^2 である。

(**2**)右の図のように数が並んでいるから，第1行で第16列の数は，第15行で第1列の数より1大きい数である。

	第1列	第2列	第3列	第4列	第5列	・
第1行➡	1	2	5	10	17	・
第2行➡	4	3	6	11	18	・
第3行➡	9	8	7	12	・	・
第4行➡	16	15	14	13	・	・
・	・	・	・	・	・	・

第15行で第1列の数は，$15^2=225$ だから，第1行で第16列の数は，$225+1=226$

よって，第2行で第16列の数は，$226+1=227$

第3日 1次方程式

⇒ p.6～p.7

1 イ，ウ，オ

2 (**1**)$x=-4$　(**2**)$x=4$　(**3**)$x=-4$
(**4**)$x=2$　(**5**)$x=30$　(**6**)$x=-9$

3 29 °C

4 50 ページ

5 $a=8$

6 (**1**)15　(**2**)14

解説

1 $x=2$ を**ア～オ**の各式に代入して，左辺の値と右辺の値が等しくなるものをすべて見つける。

ア…左辺：$2-3=-1$，右辺：1

イ…左辺：$3\times2=6$，右辺：6

ウ…左辺：$2\times2+1=5$，右辺：5

エ…左辺：$2\times2-3=1$，右辺：2

オ…左辺：$\frac{1}{2}\times2=1$，右辺：1

2 (**1**)$5x+3=2x-9$　$5x-2x=-9-3$　$3x=-12$
$x=-4$

(**2**)$-5x+9=x-15$　$-5x-x=-15-9$
$-6x=-24$　$x=4$

(**3**)$x-4=8(x+3)$　$x-4=8x+24$　$x-8x=24+4$
$-7x=28$　$x=-4$

(**4**)$3x-\frac{2}{3}(2x-1)=4$
両辺に3をかけて，$9x-2(2x-1)=12$
$9x-4x+2=12$　$5x=10$　$x=2$

(**5**)$3:10=9:x$　$3\times x=10\times9$　$3x=90$　$x=30$

(**6**)$(5-x):4=7:2$　$(5-x)\times2=4\times7$
$10-2x=28$　$-2x=18$　$x=-9$

3 最高気温が25°Cよりx°C上がったとすると，ホットコーヒーは$(160-10x)$杯《はい》，アイスコーヒーは$(30+15x)$杯売れるから，
$300(160-10x)=400(30+15x)$
$3(160-10x)=4(30+15x)$
これを解いて，$x=4$
最高気温は，$25+4=29$ (°C)

✔弱点チェック 文章(応用)問題は次のような手順で解こう。
①何をxにするか決める。(求めたい数量をxにすることが多い。)
②xで他の量を表す。
③等しい数量関係に着目し，②の量を使って文章のとおりに方程式をつくる。
④係数が大きい場合や整数でない場合があるので，ていねいに解く。
⑤解が問題の答えとして適当か確かめる。

4 月曜日から金曜日までの1日あたりに読むページ数をxページとすると，土曜日と日曜日はそれぞれ$(x+30)$ページだから，$5x+2(x+30)=410$
$5x+2x+60=410$　$7x=350$　$x=50$

5 時間＝道のり÷速さ　だから，a kmの道のりを時速4 kmで進むのにかかる時間は$\frac{a}{4}$時間，
$(a+1)$ kmの道のりを時速9 kmで進むのにかかる時間は$\frac{a+1}{9}$時間である。
よって，$\frac{a}{4}=\frac{a+1}{9}+1$　$9a=4(a+1)+36$
$9a=4a+4+36$　$5a=40$　$a=8$

6 (**1**)真ん中の数をxとすると，他の2個の数は，$x-1$，$x+1$で表される。
和が45より，$(x-1)+x+(x+1)=45$
$3x=45$　$x=15$
真ん中の数が15のとき，横に並んだ3個の数を囲むことができるので問題に適している。

(**2**)最も小さい数をxとすると，4個の数は右の図のように表される。和が77になるから，

	x	
$x+6$	$x+7$	$x+8$

$x+(x+6)+(x+7)+(x+8)=77$
$4x+21=77$　$4x=56$　$x=14$
最小の数が14のとき，で4個の数を囲めるので問題に適している。

解き方のコツ カレンダーでは，横の列では1ずつ増加し，縦の列では7ずつ増加することを利用して，問題に出てくる他の数をxを用いて表す。

第4日 比例と反比例

⇒p.8〜p.9

1 **(1)イ**

(2)比例…イ，$y=4x$

反比例…エ，$y=\frac{36}{x}$

2 **$y=8$**

3 **(1)**

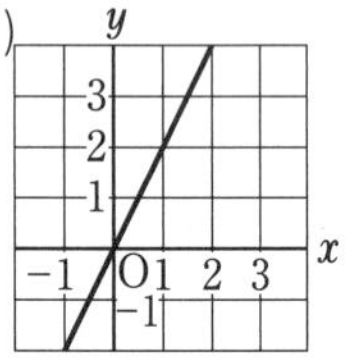

(2)エ

4 **$y=1.2x$**

5

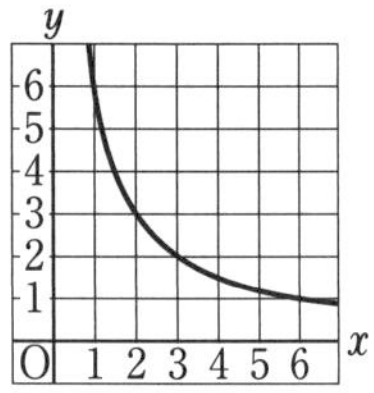

y の変域
…$1.5 \leqq y \leqq 6$

6 **$a=3$**

解説

1 **(1)ア**…x 歳《さい》の人の体重 y kg は，x の値を決めても y の値がただ1つに決まらない。

イ…時間＝道のり÷速さ だから，$y=\frac{60}{x}$

ウ…x ページの本を読むのにかかる日数 y 日は，x の値を決めても y の値がただ1つに決まらない。

> **解き方のコツ** x の値を決めると，それに対応する y の値がただ1つに決まるものを考える。

(2)ア…$y=50-x$

イ…$y=4x$

ウ…$y=\pi x^2$

エ…$y=\frac{36}{x}$

> **解き方のコツ** 比例するか反比例するかの判定は，式で見分ける。
> $y=ax$ ならば，y は x に**比例**する。
> $y=\frac{a}{x}$ ならば，y は x に**反比例**する。

2 y が x に反比例するから，$y=\frac{a}{x}$ とおく。

$x=4$，$y=10$ を代入して，

$10=\frac{a}{4}$

$a=10\times4=40$

よって，$y=\frac{40}{x}$

これに $x=5$ を代入して，

$y=\frac{40}{5}=8$

> **解き方のコツ** y が x に反比例しているとき，**xy の値は一定**になる。**2**は，
> $xy=4\times10=40$ より，$x=5$ のとき，
> $y=40\div5=8$
> と解くこともできる。

3 **(1)**比例の関係を表す式だから，グラフは原点を通る直線である。また，$x=1$ のとき $y=2$ だから，2点 $(0,\ 0)$，$(1,\ 2)$ を通る直線をひく。

(2)グラフが点 $(2,\ -2)$ を通る双曲線《そうきょくせん》だから，

$y=\frac{a}{x}$ に $x=2$，$y=-2$ を代入して，

$a=-2\times2=-4$

よって，$y=-\frac{4}{x}$

4 x の値が2倍，3倍，……になると y の値も2倍，3倍，……になっているから，y は x に比例する。

$y=ax$ として，$x=10$，$y=12$ を代入すると，

$12=10a$　$a=1.2$

よって，$y=1.2x$

5 $x>0$ の対応表をつくると，次のようになる。

x	1	2	3	4	6
y	6	3	2	1.5	1

上の表をもとに，座標平面の端《はし》までなめらかな曲線でつなぐ。

また，x の変域が $1 \leqq x \leqq 4$ のときの y の変域は，上の対応表から，$1.5 \leqq y \leqq 6$

6 点Aの x 座標は1だから，

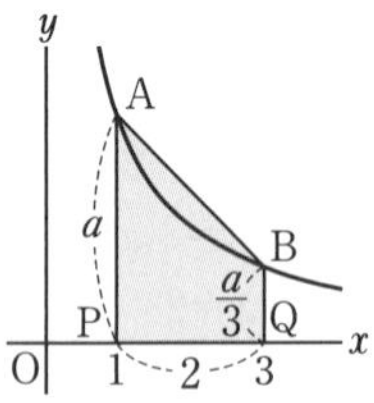

$x=1$ を $y=\frac{a}{x}$ に代入して，

$y=a$

点Bの x 座標は3だから，

$x=3$ を $y=\frac{a}{x}$ に代入して，

$y=\frac{a}{3}$

$\mathrm{A}(1,\ a)$，$\mathrm{B}\left(3,\ \frac{a}{3}\right)$ だから，四角形 APQB は台形で，

その面積は，$\left(\frac{a}{3}+a\right)\times2\div2=\frac{4}{3}a$

これが4のときだから，$\frac{4}{3}a=4$　$a=3$

第5日 平面図形

⇒p.10～p.11

1

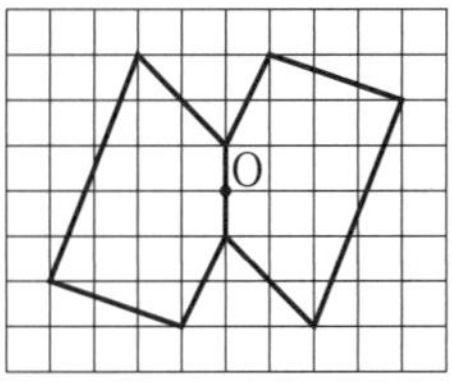

2 **(1)**$\triangle$**COF**　**(2)**$\triangle$**OFB**

3

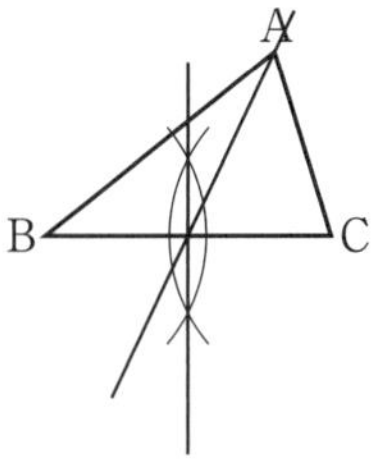

4

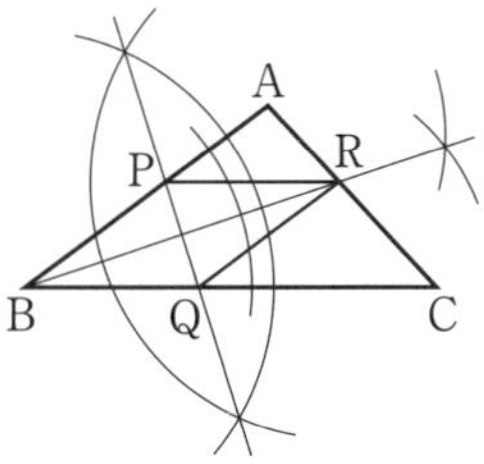

5

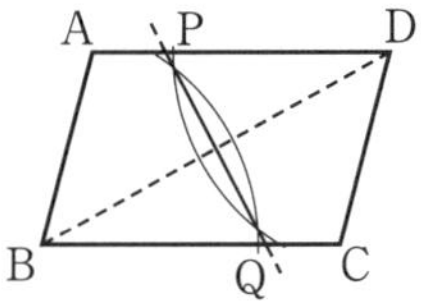

6 **(1)**$(12\pi+12)$ **cm**　**(2)**36π **cm**^{2}

7 **(1)**9π **cm**　**(2)**$(9\pi-18)$ **cm**^{2}

解説

1 回転移動の中で，特に，180° の回転移動を**点対称《てんたいしょう》移動《いどう》**という。

点対称移動させた図形は，次のことに注意してかく。

・対応する点と回転の中心 O は，ぞれぞれ一直線上にある。

・回転の中心 O は，対応する 2 点から等しい距離《きょり》にある。

2 (**1**)右の図のように $\triangle$OAE を平行移動させると，$\triangle$COF に重なる。

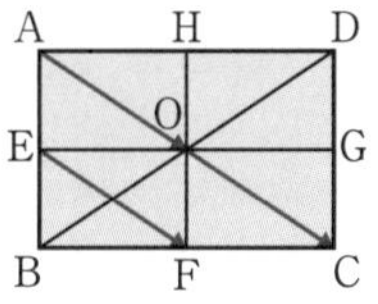

(**2**)$\triangle$OHD を，点 O を中心に 180° 回転移動させると，$\triangle$OFB に重なる。

3 頂点 A を通り，$\triangle$ABC の面積を二等分する直線は，辺 BC の中点を通る。辺 BC の垂直二等分線と BC との交点が，辺 BC の中点である。この点と点 A を通る直線をひく。

4 $\angle$PBR＝$\angle$QBR だから，$\angle$ABC の二等分線と線分 AC との交点が R である。

ひし形の対角線は互いの中点で垂直に交わるので，線分 BR の垂直二等分線と線分 AB，BC との交点がそれぞれ P，Q である。

5 点 B と点 D は折り目の線 PQ について対称であるから，対角線 BD は PQ によって垂直に 2 等分される。したがって，対角線 BD の垂直二等分線をひく。

6 (**1**)$\overset{\frown}{AB}$ の長さは，$2\pi\times12\times\dfrac{120}{360}=8\pi$ (cm)

$\overset{\frown}{CD}$ の長さは，$2\pi\times6\times\dfrac{120}{360}=4\pi$ (cm)

よって，周の長さは，

$\overset{\frown}{AB}+BD+\overset{\frown}{CD}+AC$

$=8\pi+6+4\pi+6=12\pi+12$ (cm)

(**2**)求める図形の面積は，おうぎ形 OAB の面積から，おうぎ形 OCD の面積をひいたものである。

$\pi\times12^2\times\dfrac{120}{360}-\pi\times6^2\times\dfrac{120}{360}$

$=48\pi-12\pi=36\pi$ (cm^2)

✔弱点チェック **円周率 π** は文字と同じようにあつかう。$8\pi+4\pi=(8+4)\pi=12\pi$ だが，$12\pi+12$ は 24π とはできない。

7 (**1**)色のついた部分の周の長さは，半径 6 cm，中心角 90° のおうぎ形の弧《こ》の長さと，直径 6 cm の円周の長さを合わせたものである。よって，

$2\pi\times6\times\dfrac{90}{360}+6\pi=3\pi+6\pi=9\pi$ (cm)

(**2**)右の図のように，色のついた部分を移動させて考える。色のついた部分の面積は，半径 6 cm，中心角 90° のおうぎ形の面積から，底辺が 6 cm，高さが 6 cm の三角形の面積をひいたものである。よって，

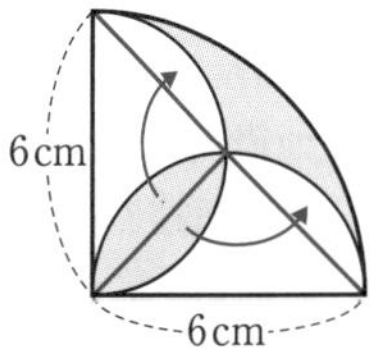

$\pi\times6^2\times\dfrac{90}{360}-\dfrac{1}{2}\times6\times6=9\pi-18$ (cm^2)

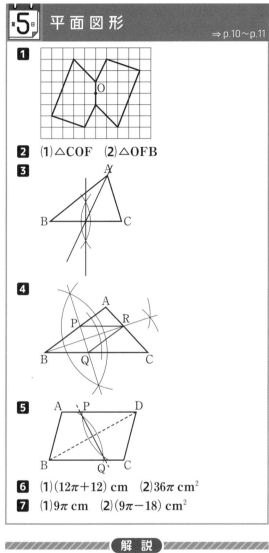

第6日 空間図形

⇒p.12〜p.13

1 6本
2 50π cm^3
3 36 cm^2
4 288 cm^3
5 1：1
6 (1)162 cm^3　(2)

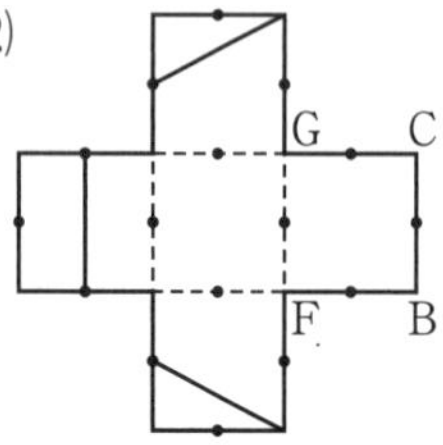

解説

1 線分ACとねじれの位置にある辺は，右の図のように，辺BF，辺DH，辺EF，辺FG，辺GH，辺EHの6本である。

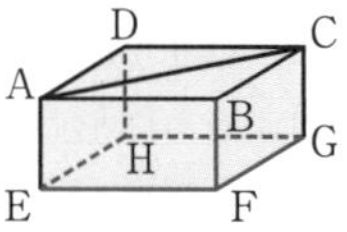

> **解き方のコツ** **ねじれの位置にある**とは，交わらず，平行でもないこと。

2 回転させてできる立体は，右の図のような，底面の円の半径が5 cm，高さが6 cmの円錐《えんすい》になる。

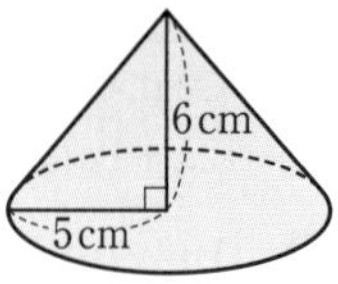

円錐の体積$=\dfrac{1}{3}\times$底面積$\times$高さ　より，

求める体積は，$\dfrac{1}{3}\times\pi\times5^2\times6=50\pi$ (cm^3)

3 右の図のような，底面が3 cm，4 cm，5 cmの辺をもつ直角三角形で，高さが2 cmの三角柱の投影《とうえい》図《ず》である。

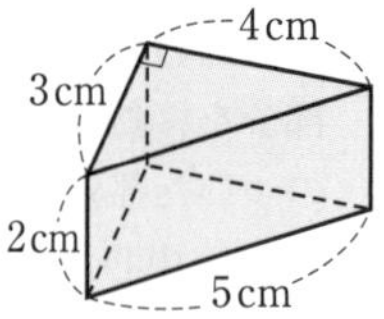

表面積＝底面積×2＋側面積

より，

$\left(\dfrac{1}{2}\times3\times4\right)\times2+2\times(3+4+5)=12+24=36$ (cm^2)

4 正四角錐の底面は，右の図のように，対角線の長さが12 cmの正方形である。

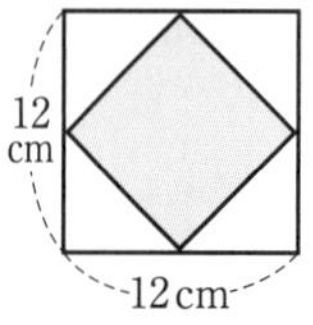

角錐の体積$=\dfrac{1}{3}\times$底面積$\times$高さ

より，

$\dfrac{1}{3}\times(12\times12\div2)\times12=288$ (cm^3)

5 球の半径は，円柱の底面の半径と等しく4 cmだから，球の表面積は，

$4\pi\times4^2=64\pi$ (cm^2)

円柱の展開図は下の図のようになる。

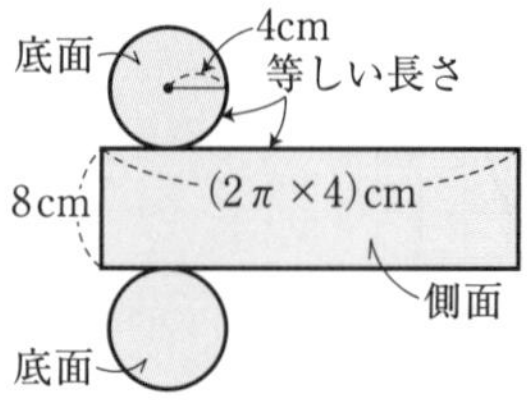

高さは球の直径と等しく8 cm，側面を展開してできる長方形の横の長さは，底面の円周の長さと等しいので，$2\pi\times4=8\pi$ (cm) である。

よって，円柱の側面積は，

$8\times8\pi=64\pi$ (cm^2)

したがって，球の表面積と円柱の側面積の比は，

$64\pi：64\pi=1：1$

> **解き方のコツ** 円柱の側面積を求めるには，**展開図**をかくとよい。
> 長方形になる側面は，縦が円柱の高さ，横は底面の円周の長さである。

6 (1)容器に残った水の体積は，底面が四角形BPEF，高さがBCの四角柱の体積と同じである。

点Pは辺AEの中点だから，

$\text{PE}=\dfrac{1}{2}\text{AE}=3$ (cm)

四角形BPEFは台形だから，四角形BPEFの面積は，

$(3+6)\times6\div2=27$ (cm^2)

よって，求める水の体積は，

$27\times6=162$ (cm^3)

(2)問題の図3の展開図に各頂点を書《か》き込《こ》むと，右のそれぞれの矢印で示した頂点が重なる。点Pは辺AEの中点，点Qは辺DHの中点だから，点P，Qも展開図に書き込み，点CとQ，点QとP，点PとBをそれぞれ結ぶ。

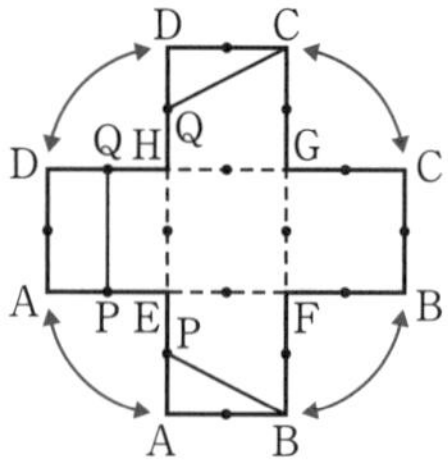

第7日 仕上げテスト〔数学〕

⇒p.14〜p.15

❶ (1) -8 (2) 1 (3) $\dfrac{5x-1}{4}$ (4) $x=-2$

(5) $x=15$

❷ (1) 2460円 (2) $y=10$

(3)

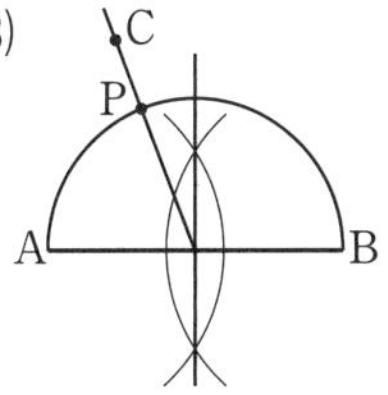

❸ (1) $a=18,\ p=-2$ (2) $\dfrac{18}{5} \leqq y \leqq 18$

❹ (1) 25π (2) 300π (3) 120π (4) 170π

❺ (1) 20時間以上25時間未満の階級

(2) 0.26

解説

❶ (1) $7+3\times(-5)=7+(-15)=-8$

(2) $(-3)^2-12\div\dfrac{3}{2}=9-12\times\dfrac{2}{3}=9-8=1$

(3) $\dfrac{3x-2}{2}-\dfrac{x-3}{4}=\dfrac{2(3x-2)}{4}-\dfrac{x-3}{4}$

$=\dfrac{2(3x-2)-(x-3)}{4}$

$=\dfrac{6x-4-x+3}{4}$

$=\dfrac{5x-1}{4}$

(4) $0.2(x-2)=x+1.2$

両辺に10をかけて，$2(x-2)=10x+12$

$2x-4=10x+12$　$-8x=16$　$x=-2$

> **弱点チェック** $0.2(x-2)$ に10をかけるとき，$2(10x-20)$ としてはいけない。
> $0.2\times(x-2)\times10=0.2\times10\times(x-2)=2(x-2)$ である。

(5) $(x-3):8=3:2$

$(x-3)\times2=8\times3$　$2x-6=24$　$2x=30$　$x=15$

> **解き方のコツ** 比例式の性質「$a:b=c:d$ ならば $ad=bc$」を利用する。

❷ (1) シュークリーム1個の値段を x 円とおくと，シュークリームを20個買うには，持っていたお金では140円足りなかったので，持っていたお金は

$20x-140$（円）

また，シュークリームを18個買ったとき，120円余ったので，持っていたお金は $18x+120$（円）

よって，$20x-140=18x+120$ が成り立つ。

これを解いて，$x=130$

シュークリーム1個の値段が130円だから，

持っていたお金は，$20\times130-140=2460$（円）

> **弱点チェック** 問題文をよく読み，問われている数量を確認する。
> シュークリーム1個の値段を x 円とおいたが，問われている数量は，持っていたお金である。

(2) y は x に比例しているので，$y=ax$ とする。

この式に，$x=3$，$y=-6$ を代入して，

$-6=3a$　$a=-2$

$y=-2x$ に $x=-5$ を代入して，

$y=(-2)\times(-5)=10$

(3) ABを直径とする円の中心は，線分ABの中点になる。よって，線分ABの垂直二等分線を作図し，これと線分ABとの交点Oを中心とする半径AOの円をかく。円の中心Oと点Cを結んだ直線と $\overset{\frown}{AB}$ との交点が，点Pとなる。

❸ (1) 点Aは関数㋑のグラフ上の点だから，$y=2x$ に $x=3$ を代入して，

$y=2\times3=6$

よって，点Aの座標は，

A(3, 6)

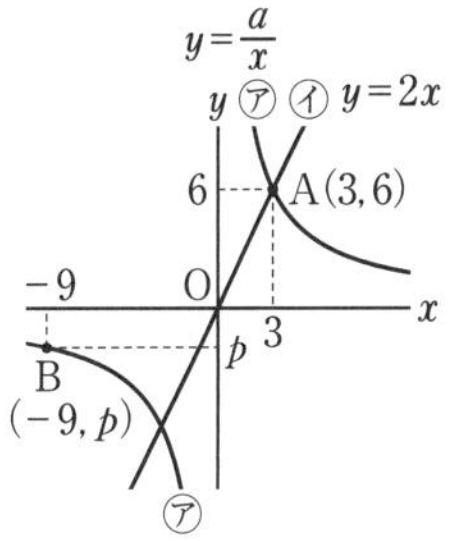

点Aは，関数㋐のグラフ上の点でもあるから，

$y=\dfrac{a}{x}$ に $x=3$，$y=6$ を代入して，

$6=\dfrac{a}{3}$　$a=18$

点Bは，関数㋐のグラフ上の点だから，$y=\dfrac{18}{x}$ に

$x=-9$，$y=p$ を代入して，

$p=\dfrac{18}{-9}=-2$

よって，$a=18$，$p=-2$

(2) (1)より，関数㋐は $y=\dfrac{18}{x}$ である。

$x=1$ のとき，$y=\dfrac{18}{1}=18$

$x=5$ のとき，$y=\dfrac{18}{5}$ だから，

y の変域は，$\dfrac{18}{5}\leqq y\leqq 18$

❹ (1)$\pi\times5^2=25\pi$ (cm^2)

(2)$25\pi\times12=300\pi$ (cm^3)

(3)側面を展開してできる長方形の横の長さは，底面の円周の長さと等しく，$2\pi\times5=10\pi$ (cm)
よって，側面積は，$12\times10\pi=120\pi$ (cm^2)

(4)$120\pi+25\pi\times2=170\pi$ (cm^2)

❺ (1)30 時間以上 35 時間未満の度数は 3 人，
25 時間以上 30 時間未満の度数は 5 人，
20 時間以上 25 時間未満の度数は 7 人より，
$3+5+7=15$ だから，多い方から 10 番目にくる生徒は，20 時間以上 25 時間未満の階級に入る。

(2)15 時間以上 20 時間未満の階級の度数は 9 人だから，

$\frac{9}{35}=0.257\cdots$ より，0.26

> **解き方のコツ** 各階級の度数の，全体に対する割合を，その階級の**相対度数**という。相対度数はふつう小数で表す。
>
> **相対度数**$=\dfrac{\textbf{その階級の度数}}{\textbf{度数の合計}}$

社会 Social Studies

第1日 世界と日本のすがた

⇒p.16~p.17

1 **(1)インド洋　(2)エ**

2 **(1)アフリカ(大陸)　(2)オセアニア(州)**
(3)イ　(4)イ・排他的経済水域　(5)E

3 **(1)イ　(2)大西洋**
(3)南アメリカ(大陸)　(4)北東

解説

1 (2)赤道は，南アメリカ大陸では北部のエクアドルを通過し，アフリカ大陸では中央部の西側にある角の下のギニア湾を通る。

> **解き方のコツ** 赤道の位置はよく問われる。赤道はアマゾン川河口(南アメリカ大陸北部)，カリマンタン島やスマトラ島(インドネシア)，ビクトリア湖(アフリカ大陸)を通る。

2 (3)経線が30度ごとに引かれていることから，地点 a，b 間の経度差は90度である。赤道一周は360度だから，360÷90＝4 より，地点 a，b 間の距離は赤道一周の 4 分の 1 となる。

(5)Aはイギリス，Bはフランス，Cはモンゴル，Dはオーストラリア，Eはブラジルである。東経135度を標準時子午線とする日本が 1 月30日の午前10時のとき，1 月30日ではない国は，日本よりも時刻が10時間より多く遅《おく》れている国である。経度15度ごとに 1 時間の時差が生じるため，日本から15×10＝150度よりも多く西に離《はな》れたところ，つまり，西経15度より西に位置するEとなる。

3 (1)地図 1 は角度を正しく表した地図，地図 2 は中心からの距離と方位が正しい地図である。地図 1 のそれぞれの大陸が，地図 2 ではどの大陸を表しているかを理解していなければならない。**ア**について，東京から b への最短ルートは，地図 2 で見ると西北西に位置し，北極点は通過しない。**ウ**について，本初子午線は，角度の正しい地図 1 では直線で表されるが，地図 2 では曲線で表される。**エ**について，地図 1 は赤道から遠くなればなるほど面積は拡大して表され，地図 2 は中心から遠くなればなるほど大陸の形がゆがんで表されるため，いずれも面積は正しく表されない。

(2)三海洋とは，太平洋，大西洋，インド洋である。地図 2 のXは，2 番目に面積が大きい大西洋である。

(3)正しい方位を表している地図2から読み取る。東京から航空機で東に進み，地球を一周したとすると，南アメリカ大陸→アフリカ大陸→ユーラシア大陸の順に通過する。

(4)東京を中心として，シアトルの方位を読み取る。8方位で北東の位置であることがわかる。

第2日 世界のさまざまな地域 (1)

⇒ p.18〜p.19

1 (1)漢《かん》民族(漢人，漢族)　(2)ウ
(3)経済特区

2 (1)ウ　(2)イ
(3)ア　(4)イ

3 (1)①D　②C
(2)A

解説

1 (1)中国では，人口の90%以上を漢民族が占める。漢民族のほかにモンゴル族やチベット族など50以上の少数民族がくらしている。

(2)稲作は暖かくて降水量が多い地域，小麦の栽培は比《ひ》較的涼《かくてきすず》しくて降水量が少ない地域で盛《さか》んである。

2 (1)地図は東南アジアの地域を示している。赤道は東南アジアではインドネシアのスマトラ島とカリマンタン島を通る。他にアフリカ大陸ではケニア，南アメリカ大陸ではエクアドルやブラジルを通る。

(2)ASEANは**東南アジア諸国連合**で，東南アジアの10か国が加盟し，経済成長や政治の安定，社会・文化的発展を促《うなが》すことなどを目的として，1967年に結成された。**ア**は**アジア太平洋経済協力会議**，**ウ**は**ヨーロッパ連合**，**エ**は**石油輸出国機構**である。

(3)生産量が中国やインドなどアジアに多いことからAに入る農産物は米である。なお，小麦の生産量は，中国，インド，ロシアなどが多く，小麦の輸出量はロシア，アメリカ合衆国などが多い(2017年)。

(4)Xの国はインドネシアである。インドネシアではイスラム教徒が大半を占めている。イスラム教徒は，豚肉を食べず，アルコールも口にしない。1日に5回，聖地であるメッカに向かって礼拝を行うという義務がある。

3 (1)Aはスイス，Bはポルトガル，Cはオランダ，Dはイタリア，Eはフランス，Fはドイツ。
①「地中海に面した半島国」，「地中海性気候」などからイタリアと判断できる。
②「ライン川の河口域」などからオランダと判断できる。

(2)Aはスイスであり，EUには加盟していない。

第3日 世界のさまざまな地域 (2)

⇒ p.20〜p.21

1 (1)ウ　(2)(a)適地適作　(b)イ
(3)例アメリカ合衆国は，農産物の生産量に占《し》める輸出量の割合が高い。

2 (1)アパラチア山脈　(2)イ　(3)サンベルト
(4)多国籍企業《たこくせききぎょう》　(5)ヒスパニック
(6)バイオエタノール(バイオ燃料)

3 (1)(a)アボリジニ　(b)環《かん》太平洋造山帯
(2)エ
(3)イギリス

解説

1 (1)ドナウ川とライン川はヨーロッパ州を，アマゾン川は南アメリカ州を流れる河川である。

(3)アメリカ合衆国は，農産物の生産量に占める輸出の割合が高いが，中国は人口が多いため，農産物の生産量の大部分を国内で消費している。

2 (2)問われている都市は，五大湖のうちの1つ，エリー湖の西に位置するデトロイトである。20世紀後半以降，五大湖周辺の工業は衰退《すいたい》したが，五大湖周辺のピッツバークでICT(情報通信技術産業)などの新しい産業の発展も見られる。世界有数の工業国であるアメリカ合衆国の工業都市・工業地域に関する問題は，よく出題される。早くから工業が発達した北東部や五大湖沿岸の工業地域のほか，サンフランシスコ郊外《こうがい》の**シリコンバレー**と呼ばれる地域でハイテク(先端技術《せんたんぎじゅつ》)産業が盛《さか》んになっている。

3 (1)(a)オーストラリアの先住民は**アボリジニ**と呼ばれる。洞《どう》くつなどに住み，採集や狩猟《しゅりょう》を行い，文字をもたなかったため音楽や踊《おど》りなどで独自の文化を伝えてきた。しかし，ヨーロッパ人の移民が多くなるとともにその数は減少した。
(b)ニュージーランドは環太平洋造山帯に属する島々からなり，火山が多い。なお，オーストラリアは環太平洋造山帯には含《ふく》まれないことに注意する。

(2)おもに石炭がとれる炭田は東部，鉄鉱石がとれる鉄山は西部に分布しており，大規模な露天掘《ろてんぼ》りが行われている。アルミニウムの原料となるボーキサイトは北部に分布している。

(3)イギリスの植民地になったという背景から，国旗にイギリスの国旗が入っている。

第4日 古代までの日本

⇒p.22～p.23

1 (1)ウ
(2)前方後円墳《ぜんぽうこうえんふん》
(3)墾田永年私財法《こんでんえいねんしざいのほう》
(4)イ

2 (1)(a)卑弥呼《ひみこ》　(b)ア
(2)(A)白村江《はくすきのえ》《はくそんこう》　(B)エ
(3)例 中国の文化をふまえながらも，日本の風土や生活，日本人の感情にあった日本独自の文化。

3 (1)①(X) B　(Y) 埴輪《はにわ》
②(府県名)奈良県　(記号)イ
(2)(a)ア　(b)ウ

解説

1 (2)大仙(大山)古墳は大阪府堺《さかい》市にあり，前方後円墳のうち最大の古墳である。

(3)墾田永年私財法により，有力な貴族や寺社は開墾をすすめたことから，公地公民の原則がくずれ，私有地である荘園《しょうえん》が増えた。

(4)**ア**は室町時代，**ウ**は安土桃山《あづちももやま》時代，**エ**は江戸《えど》時代があてはまる。

2 (1)邪馬台国の女王卑弥呼は魏に使いを送り，魏の皇帝から「親魏倭王《しんぎわおう》」の称号《しょうごう》を授かったことが魏志倭人伝に記されている。

(2)白村江の戦いは，663年におきた日本と唐・新羅の連合軍との戦いである。この戦いに日本は敗れ，防衛のために九州の博多湾《はかたわん》の近くに大野城《おおのじょう》や水城《みずき》などが築かれた。

(3)仮名文字は漢字をもとにつくられ，日本人特有の感情を表現しやすくなった。

3 (1)①Aは縄文《じょうもん》時代につくられた土偶《どぐう》である。

②大和《やまと》政権は大和地方にあったとされ，大和地方は現在の奈良県にあたる。地図中の**ア**は大阪府，**ウ**は和歌山県。

(2)(a)班田収授法《はんでんしゅうじゅのほう》によって，6年ごとに戸籍《こせき》をつくり，これに基づいて6歳《さい》以上のすべての人に口分田《くぶんでん》を与《あた》え，その人が死ぬと国に返すことになっていた。

(b)**ア**は労役《ろうえき》につくかわりに麻《あさ》の布などを納める税，**イ**は絹や糸など地方の特産物を納める税である。

第5日 中世の日本

⇒p.24～p.25

1 (1)(X)御恩
(Y)御家人《ごけにん》
(2)御成敗式目(貞永式目)
(3)①勘合《かんごう》
②能(能楽)
(4)管領《かんれい》
(5)後醍醐《ごだいご》天皇

2 (1)例 徳政令《とくせいれい》を出すこと。(借金の帳消し。)
(2)ウ
(3)①加賀《かが》の一向一揆《いっこういっき》
②一向宗(浄土真宗)

3 (1)甲州法度之次第《こうしゅうはっとのしだい》(信玄《しんげん》家法)
(2)ポルトガル
(3)イ

解説

1 (1)**御恩**は将軍が御家人に領地を与《あた》えたり，守護《しゅご》・地頭《じとう》への任命を行ったりすること。**奉公**は御家人が将軍のために，平時の警備や戦時の軍役などに奉仕すること。

(3)①**勘合**は，正式な貿易船と倭寇《わこう》を区別するために用いられた。

②能は，平安時代から民衆の間で親しまれていた田楽や猿楽《さるがく》などをもとに大成された。

(4)室町幕府には，将軍の補佐役として**管領**が置かれ，足利氏とかかわりの深い守護大名の細川・斯波《しば》・畠《はたけ》山《やま》の3氏が交代で就いた。

(5)建武の新政では，貴族を重視する政策が行われたため，武士の間で不満が高まった。

2 (1)正長の土一揆《つちいっき》《ど》は近江《おうみ》(滋賀県)の**馬借**《ばしゃく》(運送業者)が中心となって，徳政(借金の帳消し)を出すよう幕府に要求して，酒屋・土倉《どそう》《とくら》などをおそったことから始まった。

(2)**山城の国一揆**では，地侍《じざむらい》や農民が守護大名の畠山氏を追い出し，8年間にわたり自治を行った。

(3)一向宗(浄土真宗)の信徒たちは，加賀《かが》国(石川県)の守護大名富樫《とがし》氏の家督《かとく》争いに介入《かいにゅう》した。擁立《ようりつ》した富樫政親《まさちか》が家督争いに勝ったが，一向宗を弾圧《だんあつ》したため，1488年政親を倒《たお》し，約100年間加賀国を支配した。

3 (1)甲斐《かい》国(山梨県)を拠点《きょてん》とした戦国大名の武田信《たけだしん》玄《げん》がつくった分国法である。ほかの戦国大名たちも領国内の統制を行うため，きびしい刑罰《けいばつ》やけんか両《りょう》成敗《せいばい》などのきまりを定めた。

(3)**イ**の堺《さかい》(大阪府)は勘合貿易の貿易港として繁栄《はんえい》し，富裕《ふゆう》な町人が多く現れた。そして，富裕な町人の中から選ばれた**会合衆**《えごうしゅう》の合議制によって町政が自治的に運営された。

第6日 近世の日本

⇒p.26～p.27

1 (1)(記号)エ　(国名)オランダ

(2)[例]鉄砲隊《てっぽうたい》がいるから。

(3)楽市・楽座

2 (1)ア

(2)(漢字２字)刀狩　(記号)イ

(3)①ウ

②ウ

3 (1)ウ

(2)(漢字４字)参勤交代

(3)エ

解　説

1 (1)鎖国中も貿易が行われたのは，**エ**の長崎である。鎖国中，オランダの商館長(カピタン)は海外事情についての報告書「**オランダ風説書**《ふうせつがき》」を毎年幕府《ばくふ》に提出していた。

(2)長篠の戦いでは，織田・徳川軍が鉄砲隊による集団戦法で武田勝頼《たけだかつより》(信玄《しんげん》の子)率いる騎馬《きば》隊を打ち破った。

(3)織田信長は安土《あづち》城下などで**楽市・楽座**を実施《じっし》し，だれでも自由に商工業ができるようにし，領国内の経済発展をはかった。

2 (1)**イ**は，江戸《えど》時代に大阪などに設けられた，各地から運ばれた年貢《ねんぐ》米や特産物を販売《はんばい》するための建物，**ウ**は室町《むろまち》時代につくられた商工業者の同業者団体，**エ**は室町時代に発達した農村の自治組織。

(2)豊臣秀吉が実施《じっし》した刀狩と太閤検地によって，武士と農民の身分の区別を明確化する兵農分離がすすんだ。朝鮮には２度出兵した(文禄《ぶんろく》の役《えき》・慶長《けいちょう》の役)が，失敗に終わった。

(3)①**ア**は安土桃山《ももやま》時代の桃山文化，**イ**は江戸時代後半に江戸で栄えた化政《かせい》文化。②元禄《げんろく》文化は，大阪・京都の上方《かみがた》を中心に発達した。近松門左衛門《ちかまつもんざえもん》のほか，浮世絵《うきよえ》を始めた菱川師宣《ひしかわもろのぶ》，浮世草子《うきよぞうし》で町人のくらしを描《えが》いた井原西鶴《いはらさいかく》，俳諧《はいかい》を大成した松尾芭蕉《まつおばしょう》らが活《かつ》躍《やく》した。

3 (1)豊臣秀吉が活躍したころに栄えた文化は桃山文化であり，**ウ**の狩野永徳《かのうえいとく》が描いた『唐獅子図屏風《からじしずびょうぶ》』がこれにあたる。**ア**は，室町時代に雪舟《せっしゅう》が描いた水《すい》墨画《ぼくが》の『秋冬山水図』である。**イ**は江戸時代に菱川師宣が描いた浮世絵の『見返り美人図』で，元禄文化の代表例である。**エ**は江戸時代に歌川広重《うたがわひろしげ》が描いた『東海道五十三次』で，化政文化の代表例である。

(2)参勤交代は，３代将軍徳川家光《しょうぐんとくがわいえみつ》が発布した武家諸法《ぶけしょはっ》度《と》で制度化したものである。往復の大名《だいみょう》行列や江戸での生活費などにかかる費用がかさみ，大名の経済力は弱められた。

(3)文は，老中水野忠邦が行った天保の改革の内容である。物価を引き下げるために株仲間を解散させたり，江戸に出稼ぎに来ていた農民を故郷に帰らせたりするなどの政策を行った。さらに江戸や大阪周辺の農村を幕領にしようとしたが，大名や旗本に反対され，改革は失敗に終わった。**ア**の**徳川綱吉**は５代将軍で，生類憐みの令という極端な動物愛護令を出し，民衆の反発を招いた。**イ**の**徳川吉宗**は８代将軍で，**享保の改革**を行った。**ウ**の**松平定信**は老中で，**寛政の改革**を行った。

弱点チェック　江戸時代の三大改革

享保の改革…徳川吉宗。
公事方御定書，目安箱の設置，上げ米の制など。

寛政の改革…松平定信。
穀物の備蓄，昌平坂学問所での朱子学以外の学問禁止など。

天保の改革…水野忠邦。
株仲間解散，江戸・大阪周辺地の幕府の直轄化計画など。

第7日 仕上げテスト〔社会〕

⇒p.28～p.29

❶ (1)A

(2)ユーラシア大陸

(3)イ　(4)(漢字２字)遊牧

(5)(記号)Ｐ　(理由)例気温が一年中高いため，赤道付近にある都市と考えられるから。

❷ (1)①**執権《しっけん》**

②**エ**

(2)**唐《とう》**

(3)**例幕府は，大名の軍事力をおさえるために大船をつくることを禁止していたが，黒船の来航をきっかけとして，軍備を強化する必要に迫《せま》られたから。**

(4)Ｂ→Ａ→Ｃ

解説

❶ (1)図は，中心からの距離《きょり》と方位が正しい地図である。中心である東京から距離が近いものから順に並べると，Ｂ→Ｃ→Ａ→Ｄとなる。

(2)六大陸は，ユーラシア大陸，アフリカ大陸，北アメリカ大陸，南アメリカ大陸，オーストラリア大陸，南極大陸である。ユーラシア大陸は六大陸の中で陸地面積が最も大きく，太平洋，大西洋，インド洋の三大洋に面している。

(3)経度15度につき１時間の時差が生じる。また，東経側の方が時間は先に進んでいる。東京と都市Ｘの時差は，(135＋120)÷15＝17 時間である。つまり，都市Ｘの時間は東京の17時間前となるので，東京が午前５時のとき，都市Ｘは正午となる。よって，**イ**が正解となる。

(4)Ｙ国はアフリカ大陸の乾燥《かんそう》帯に位置しており，一つの場所に定住せず，水や草を求めて家畜とともに一定の地域を移動する遊牧が盛《さか》んである。

(5)Ｐの地点は赤道が通っているので年中気温が高い，熱帯に属することがわかる。Ｑの地点は南アフリカ共和国のケープタウンである。ケープタウンは四季がある温帯に属し，また，南半球に位置しているので，北半球とは季節が逆になり，6～9月ごろの気温は低くなり，12月～１月ごろの気温は高くなる。

❷ (1)①**執権**は，鎌倉《かまくら》幕府に置かれた将軍の補佐をする役職である。源 頼朝《みなもとのよりとも》の死後に北条氏が代々執権の地位につき，政治の実権を握《にぎ》った。これを執権政治という。

②鎌倉時代に置かれていた役職を選ぶ。**ア**の**管領**は室町時代に置かれた役職，**イ**の**国司**は律令制のもとで置かれていた役職，**ウ**の**防人**は奈良時代の兵役である。

(2)**大宝律令**は，701年に唐の律令にならって制定された法律である。これによって全国を支配するしくみが整えられた。律令の律は刑法《けいほう》，令は政治の規定などを意味する。

(3)資料１では，大名の力をおさえることを目的として制定されたことを読み取る。資料２は黒船(ペリーが率いるアメリカの艦隊《かんたい》)が来航し，開国を要求してきたことを示している。資料３は外国から日本を防衛するため，幕府が大名の軍備強化を認めたことを読み取る。**鎖国《さこく》**をしていた日本が開国に至《いた》った背景をおさえる。

(4)Ａの**御成敗式目**は鎌倉時代に公正な裁判を行うために制定された法律である。Ｂの大宝律令は飛鳥時代に制定された。律は刑罰《けいばつ》のきまり，令は政治を行ううえでのきまりを定めたものである。Ｃの**武家諸法度**は江戸《えど》時代に大名を統制するために制定された法律である。

理科 Science

第1日 光と音

⇒p.30~p.31

1 (1)B　(2)45 度　(3)Y―ア　Z―イ

2 (1)① 8 cm

② 8 cm

(2)イ

(3)(右図)

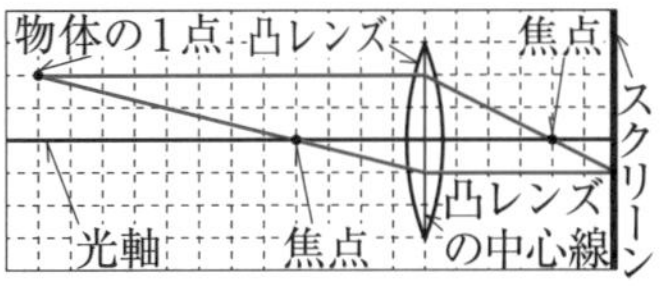

3 (1)イとオ　(2)エ

4 (1)音のほうが伝わる速さがおそいから。

(2) 680 m

解説

1 (1)入射角=反射角

(2)右の図で直線 OQ と直線 OE とでできる角を，鏡面に垂直である直線 OP が二等分するようにする。

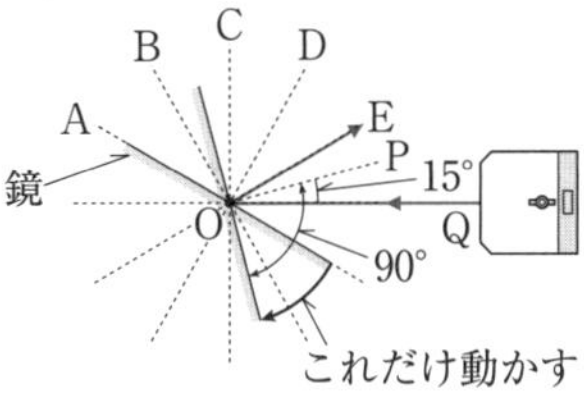

(3)鏡Ⅰと鏡Ⅱを置くことで，①と②の位置にも鏡ができたと考える。Y の位置にはもとにした物体と左右が逆の像が生じる。

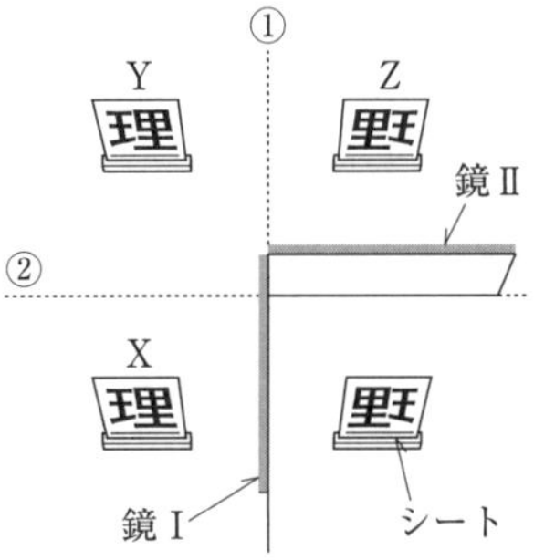

2 (1)(2)凸《とつ》レンズと物体の距離《きょり》，凸レンズとスクリーンの距離がそれぞれ焦点距離《しょうてんきょり》の 2 倍のとき，物体と同じ大きさで，上下左右が逆向きの**実像**ができる。

(3)光軸《こうじく》と平行に凸レンズに入った光は反対側の**焦点**を通り，焦点を通って凸レンズに入った光は光軸と平行に進む。

3 (1)弦《げん》の張りの強さ(おもりの数)による音の高さの違いを調べるには，それ以外の条件(弦の太さ，木片の位置)を同じにする必要がある。

(2)弦の張りが強いほど，弦の太さが細いほど，弦の長さが短いほど，高い音が出る。

4 (2)340 m/s×2.0 s=680 m

✔弱点チェック　境界面に垂直な線と入射光がなす角を入射角，反射光がなす角を反射角といい，入射角と反射角の大きさは等しい。

第2日 力

⇒p.32~p.33

1 (1)(右図)

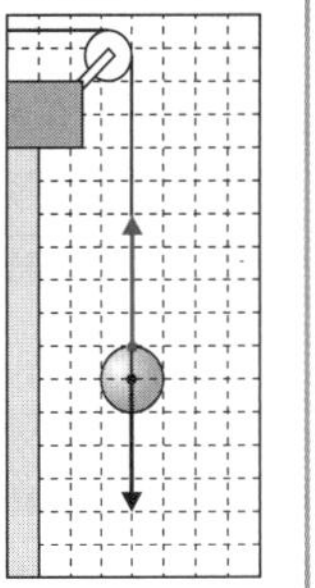

(2)①大きさが等しい

②向きが反対である

(順不同)

2 (1)

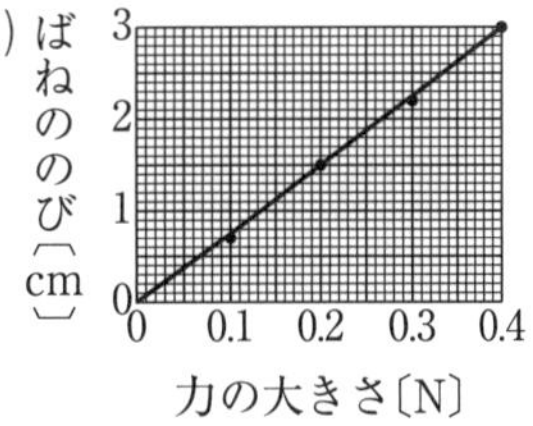

(2)①比例　②フック

3 (1) 3 cm

(2) 3 cm

4 イ

解説

1 (1)おもりにはたらく重力とつりあう力は，糸がおもりを引く力である。重力を表す力と同じ長さの矢印を，作用点(糸がおもりにとりつけられているところ)から真上に描《か》く。

(2)2 力がつりあう条件は，「2 つの力の**大きさが等しい**。」「2 つの力の**向きが反対**である。」「2 つの力は**同一線上にある**。」の 3 つである。

2 (1)表から，ばねに加わる力とばねののびは比例することがわかる。よって，原点から，それぞれの点に最も近いところを通る直線を引く。

(2)ばねののびとばねにはたらく力の大きさが比例する関係を**フックの法則**という。

3 (1) 450 g の物体にはたらく重力は 4.5 N である。よって，3 N の力で引くと 2 cm のびるばねは，4.5 N の力で引くと，$2\ \mathrm{cm} \times \frac{4.5\ \mathrm{N}}{3\ \mathrm{N}} = 3\ \mathrm{cm}$ のびる。

(2)図 2 のように，滑車《かっしゃ》を用いて両端《りょうたん》に 450 g のおもりをつるした場合，図 1 と同じように 450 g の力がばねに加わる。

4 グラフより，ばね A に 2 N の力を加えると 10 cm，ばね B に 1.5 N の力を加えると 11.25 cm，ばね C に 0.7 N の力を加えると10.5 cm，それぞれのびる。

✔弱点チェック　フックの法則

・ばねののびは，加えた力の大きさに比例する。

・実験結果をグラフにするときは，誤差は無視して原点を通る直線で描く。

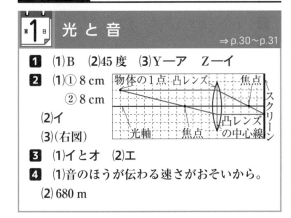

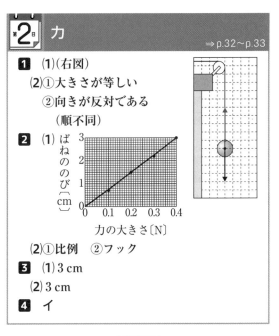

第3日 身のまわりの物質

⇒p.34～p.35

1 (1)(種類)銅　(金属片)C
(2)磁石につくかどうかを調べる。
2 (1)状態変化　(2)ウ
3 (1)①空気　②水上　(2)エ
4 (1)80 g　(2)ウ

解説

1 (1)金属片Aの体積は2.0 cm^3 なので，密度は，
17.9 g÷2.0 cm^3＝8.95 g/cm^3 である。よって，金属片Aは，表より銅であることがわかる。また，金属片Aの質量と体積を図中に表し，原点と金属片Aの点とを結ぶ直線上にあるのは点Cである。よって，金属片Aと同じ金属でできている金属片はCであることがわかる。
(2)スチールかんは鉄でできている。鉄は磁石につくがアルミニウムは磁石につかない。

2 (2)水が氷に変化すると，体積が大きくなるが，質量は変化しないので，密度は小さくなる。

3 (1)ガラス管からはじめに出てくる気体は，装置に入っていた空気を多く含《ふく》む。また，水素のように水に溶《と》けにくい気体は，一般的《いっぱんてき》に図のような**水上置換《すいじょうちかん》法《ほう》**で集める。
(2)うすい塩酸にマグネシウムリボンを入れると，水素が発生する。**ア**は気体が発生しない。**イ**は二酸化炭素，**ウ**は酸素が発生する。

4 (1)グラフより，60℃の水100 gには，およそ110 gの硝酸《しょうさん》カリウムを溶かすことができる。実験1では，30 gの硝酸カリウムを加えているので，加えて溶けた硝酸カリウムの質量は，
110－30=80〔g〕
(2)35 gのミョウバンを溶かすことのできる温度を，グラフから読みとると，およそ50℃であることがわかる。

弱点チェック　気体の集め方
- **水上置換法**…水に溶けにくい気体を集めるのに適している。
- **上方置換法**…水に溶けやすい気体で，空気より密度が小さい気体を集めるのに適している。
- **下方置換法**…水に溶けやすい気体で，空気より密度が大きい気体を集めるのに適している。

第4日 生物の観察と植物のなかま分け

⇒p.36～p.37

1 ①ウ　②イ　③オ　④エ
2 (1)ア
(2)葉脈は平行(脈)で，根はひげ根である。
(3)ウ
3 (1)ウ　(2)胞子《ほうし》　(3)ア
4 (1)イ
(2)子房《しぼう》がなく，胚珠《はいしゅ》がむき出しである点。
(3)裸子植物《らししょくぶつ》
(4)ウ，エ
5 (1)ア　(2)平行脈　(3)カ　(4)胚珠《はいしゅ》

解説

1 **イ**はおしべのやく，**ウ**はめしべの柱頭，**エ**は胚珠，**オ**は子房である。めしべの柱頭に，おしべのやくでつくられた花粉がつくことを受粉という。受粉後，子房は成長して果実となり，胚珠は成長して種子となる。

2 (1)ドクダミは，日あたりのよくない校舎の北側に多く見られる。
(3)ホウセンカとタンポポは双子葉類《そうしようるい》，スギナはシダ植物である。

3 (1)イヌワラビの茎《くき》は地中にある。
(2)イヌワラビの葉の裏側には胞子のうがあり，胞子のうの中に胞子が入っている。
(3)カボチャ，アヤメは種子でふえる植物，ゼニゴケはコケ植物である。

4 (1)**ア**は雌花《めばな》，**ウ**は1年前の雌花，**エ**は2年前の雌花(まつかさ)である。
(2)(3)裸子植物に対して，胚珠が子房の中にある植物を被子植物《ひししょくぶつ》という。
(4)ツバキ，ヒマワリは被子植物である。

5 (1)**イ**はツユクサ，**ウ**はアブラナ，**エ**はタンポポの葉である。
(3)アブラナの葉脈は網目状《あみめじょう》(網状脈《もうじょうみゃく》)で，花弁は1枚1枚離《はな》れているので，双子葉類の離弁花類《りべんかるい》である。
(4)aは胚珠で，受粉すると成長して種子になる。

弱点チェック　単子葉類と双子葉類の違《ちが》い
- **単子葉類**…子葉が1枚。葉脈は平行(平行脈)で，根はひげ根である。
- **双子葉類**…子葉が2枚。葉脈は網目状(網状脈)で，根は主根と側根をもつ。

第5日 動物のなかま分け

⇒p.38～p.39

1 (1)①イ　②ウ
(2)(器官名)えら　(記号)エ

2 (1)背骨があること。
(2)エ，カ，キ
(3)ア，ウ
(4)ク，サ

3 (1)エ
(2)D

4 (1)イ
(2)草をすりつぶすこと。
(3)立体的に見える範囲《はんい》が広く，獲物《えもの》との距《きょ》離《り》をはかってとらえること。

解説

1 (1)**軟体動物**《なんたいどうぶつ》は，筋肉でできている外とう膜《まく》で内臓がおおわれている。イカ，タコや，シジミ，アサリ，マイマイなどは軟体動物に属する。
(2)図1のX，図2の**エ**は，えらである。えらは，ヒトの呼吸器官である肺にあたる。

2 (1)表1は**セキツイ動物**，表2は**無セキツイ動物**のなかまである。
(2)ハ虫類と鳥類を選ぶ。
(3)イモリは両生類で，幼生のときはえらで呼吸をする。両生類は一生を通じて皮膚《ひふ》呼吸も行う。
(4)節足動物を選ぶ。節足動物の体表をおおう殻《から》を**外骨格**という。

3 (1)A～Eのうち，背骨のない無セキツイ動物は，Cのイソギンチャクだけである。ペンギン，ウミガメ，イルカは，一生肺で呼吸をする。
(2)子を産んでなかまをふやす(**胎生**《たいせい》)動物は，ホ乳類のイルカである。

4 (1)(2)シマウマなどの草食動物は，草をかみ切るための門歯，草をすりつぶすための臼歯《きゅうし》が発達している。また，ライオンなどの肉食動物は，獲物《えもの》をかみ殺すための犬歯が発達し，肉を切りさくための臼歯がとがっている。

弱点チェック　セキツイ動物の呼吸器官の違《ちが》い
- 魚類…えら
- 両生類…子：えら，皮膚　親：肺，皮膚
- ハ虫類，鳥類，ホ乳類…肺

第6日 大地の変化

⇒p.40～p.41

1 (1)断層　(2)ウ　(3)ウ　(4)示準化石

2 (1)マグマが地表近くで急に冷やされてできた。
(2)石基
(3)エ

3 (1)マグニチュード　(2)ウ
(3)エ　(4)ア

解説

1 (2)ウのような断層をとくに**正断層**といい，左右に引っ張る力がはたらいたときに生じる。
(3)地層はふつう，上へいくほど新しい地層となる。堆《たい》積《せき》した地層Cに断層Dが生じ，その上に地層B→地層Aの順に堆積した。
(4)地層が堆積した当時の環境を知る手がかりとなる化石は，示相化石とよばれる。

2 (1)(2)図のように，大きな結晶《けっしょう》になれなかった部分(石基)の中に比較《ひかく》的大きな鉱物の結晶(斑晶《はんしょう》)が散らばっているつくりを**斑状組織**《はんじょうそしき》といい，マグマが地表や地表近くで急に冷やされてできた火山岩に見られる特徴《とくちょう》である。
(3)マグマの粘《ねば》り気《け》が弱い火山の噴出物《ふんしゅつぶつ》は黒っぽい鉱物の割合が多く，溶岩《ようがん》がうすく広がって流れ出て傾斜《けいしゃ》のゆるやかな形の火山をつくる。マグマの粘り気が強い火山の噴出物は白っぽい鉱物の割合が多く，溶岩が流れにくく盛り上がった形の火山をつくる。

3 (2)P波の到着時刻とS波の到着時刻の差を**初期微**《しょきび》**動継続時間**《どうけいぞくじかん》といい，震源《しんげん》からの距離《きょり》が長いほど長くなる。
(3)グラフより，震源からの距離が80 kmと20 kmの地点で，P波の到着時刻《とうちゃくじこく》の差が10秒なので，P波の伝わる速さは，(80－20) km÷10 s=6.0 km/s
(4)気象庁が出す緊急地震速報《きんきゅうじしんそくほう》は，震源に近い地震計で観測されたP波のデータをもとに，S波のゆれの大きさを予測して，S波によるゆれが始まる前に知らせるシステムである。
　グラフより，震源からの距離が20 kmの地点でP波が観測されたのは21時31分50秒で，緊急地震速報が出されたのはその4秒後の21時31分54秒とわかる。地点CでS波が観測されたのは21時32分10秒だから，緊急地震速報が出されてから16秒後である。

第7日 仕上げテスト〔理科〕

⇒p.42～p.43

❶ **(1)節足動物**
(2)ア，ウ
(3)外とう膜《まく》
(4)①えら　②肺

❷ **(1)蒸留**
(2)ウ

❸ **(1)①屈折《くっせつ》　②全反射**
(2)イ

❹ **(1)堆積岩《たいせきがん》**
(2)(特徴①)エ　(特徴④)ア
(3)チャート

解説

❶ **(1)無セキツイ動物**には，**節足動物**や**軟体動物《なんたいどうぶつ》**，ミミズやクラゲなどのなかまがあるが，からだが外骨格でおおわれていて，からだとあしに節があるのは節足動物である。節足動物には，**昆虫類《こんちゅうるい》**，**甲殻類《こうかくるい》**などが属している。

(2)イカ，タコのほか，アサリやシジミなどの二枚貝，マイマイやサザエなどの巻貝，ナメクジやウミウシなどが軟体動物に属する。

(3)軟体動物は，からだの外側が，内臓を包む外とう膜という膜でおおわれていて，筋肉でできたあしをもっている。

(4)軟体動物は，水中で生活し，えらで呼吸するものが多い。

❷ **(1)蒸留**とは液体を加熱して気体にし，それを冷やして再び液体にして集める方法である。

(2)水の沸点《ふってん》は100℃，エタノールの沸点は78℃で，混合物の沸点は決まった温度にならない。水とエタノールの混合物を加熱すると，沸点の低いエタノールが78℃付近で先に沸騰《ふっとう》し，グラフの傾《かたむ》きがゆるやかになり，100℃になるまで上がり続ける。

❸ **(1)**光がガラス中から空気中へ進むとき，入射角がある大きさ以上になると，光が屈折しないで境界面ですべて反射し，空気中へ出ていかなくなる。この現象を**全反射**という。

(2)光が空気中からガラス中へ進むとき，屈折角は入射角よりも小さくなる。

❹ **(1)火成岩**のなかま(花こう岩，安山岩，閃緑岩《せんりょくがん》，玄武岩《げんぶがん》)以外の岩石は**堆積岩**で，れき岩，石灰岩《せっかいがん》，砂岩，チャート，泥岩《ていがん》，凝灰岩《ぎょうかいがん》があてはまる。

(2)特徴①は堆積岩と火成岩を分ける**エ**があてはまる。特徴②はれき岩・砂岩・泥岩と石灰岩・チャート・凝灰岩を分ける**イ**があてはまる。特徴③は凝灰岩と石灰岩・チャートを分ける**ウ**があてはまる。特徴④は，石灰岩とチャートを分ける**ア**があてはまる。

(3)［A］にはれき岩・砂岩・泥岩，［C］にはチャートが分類される。

英語 English

第1日 be動詞・現在進行形

⇒p.44～p.45

1 (1)ア　(2)イ　(3)ウ　(4)ウ
2 (1)on　(2)in　(3)by[near]　(4)under
3 (1)doing　(2)looking
4 (1)Yumi is running with Kazumi.
(2)What is Koji studying in his room?
(3)We aren't[are not] playing tennis.
5 (1)father is in
(2)Mary and Ted are not from America
(3)many girls are sitting
6 例 (1)Akira is washing the[his] car.
(2)Toshi and Masa are dancing (in the yard).

解説

1 (1)your sister は3**人称単数**。*A*「あなたのお姉さん[妹さん]は今，眠っていますか。」*B*「いいえ，眠っていません。」
(2)この文の**主語は** What＝「何が」なので，**be 動詞**はis。be 動詞には「(～が)いる，ある」の意味もある。*A*「箱の中に何がありますか。」*B*「ボールが1つあります。」
(3)Yutaka and Hideki は複数。疑問詞の who は「だれが」という意味の主語で，3人称単数として扱われ，be 動詞は is を使っていることに注意。*A*「だれがあなたのお母さんを手伝っていますか。」*B*「ユタカとヒデキです。」
(4)この文の主語は you なので，be 動詞は are。
A「あなたは何を食べているのですか。」*B*「私はハンバーガーを食べています。」

> **解き方のコツ**
> be 動詞を選ぶときは，主語を見る。
> (2)(4)疑問詞が主語かどうかを判断し，**主語になるときは，単数**として扱う。
> What is in the box? →この文の主語は what
> 「**何が**箱の中にありますか。」
> What are you doing? →この文の主語は you
> 「あなたは**何を**していますか。」

2 (1)「～の上に」＝on 「ユカのノートは机の上にあります。」
(2)「～の中に」＝in 「いくつかのボールがアキのかばんの中にあります。」
(3)「～のそばに」＝by，「～の近くに」＝near 「ヒロのラケットは窓のそばに[近くに]あります。」
(4)「～の下に」＝under 「たくさんのペンが机の下にあります。」

3 (1)前に be 動詞があるので，現在進行形の文。マイクが現在進行形で答えていることからもわかる。do はそのまま ing をつける。ショウジ「マイク，あなたは何をしているのですか。」マイク「私はテレビでニュースを見ています。」
(2)前に be 動詞があるので，現在進行形の文。look はそのまま ing をつける。look for ～＝「～をさがす」ポール「あなたは何をさがしているのですか。」アキコ「時計です。私のお気に入りなのです。」

> **弱点チェック　注意が必要な動詞の～ing 形**
> ・語尾が e の動詞
> …e をとって ing をつける
> 例 write → writing
> ・語尾が〈短母音＋子音字〉の動詞
> …語尾を2つ重ねて ing をつける
> 例 cut → cutting，plan → planning
> put → putting，run → running
> sit → sitting，swim → swimming
> ・語尾が y の動詞
> …そのまま ing をつける
> 例 play → playing，study → studying
> ◆ing をつけるときに，**「y を i にかえる」という規則はない。**

4 現在進行形は**〈be 動詞＋動詞の～ ing 形〉**で表す。
(1)run についている s は取り，原形に戻してから考える。run は**〈短母音＋子音字〉**で終わる動詞なので，n を2つ重ねて **running** とする。「ユミはカズミといっしょに走っています。」
(2)study はそのまま ing をつける。主語は Koji。「コウジは彼の部屋で何を勉強していますか。」
(3)play はそのまま ing をつける。主語は we で，否定文なので，be 動詞のあとに not を入れる。「私たちはテニスをしていません。」

5 (1)be 動詞のあとに場所を表す語句が続くときは，「～にいる，～にある」の意味だと考える。「ジョンのお父さん」＝John's father
(2)否定文は be 動詞のあとに not を入れる。

(3)「少女が何人」を「何人の少女」と考えて，How many girls を文頭に置く。これが文の主語になっているので，あとには残った are sitting を続ける。

6 (1)「アキラは車を洗っています。」

(2)「トシとマサは(庭で)踊っています。」

第2日 一般動詞・can

⇒p.46〜p.47

1 (1)ア (2)ア (3)ウ

2 (1)ア (2)ウ (3)ア (4)ウ

3 (1)teaches (2)plays，well (3)have (4)goes，by，bus

4 (1)Walk，turn (2)listens，to，music

5 (1)Yuriko studies math at home every night.
(2)My sister doesn't[does not] have lunch in the classroom.
(3)Kenji can write a letter in English.
(4)Don't drive too fast.

6 例 (1)My[Our] school starts[begins] at eight thirty.
(2)I read (books[a book]) in the library after lunch.

解説

1 (1)主語が you の一般動詞の疑問文では，Do を主語の前に置く。「あなたは英語の本を持っていますか。」

(2)主語が **3 人称単数で現在**の疑問文では，Does を主語の前に置き，**動詞は原形**。「アキコはピアノをひきますか。」

(3)can を使った文の疑問文は，主語が何であっても動詞は原形。「彼女は英語の新聞を読めますか。」

2 (1)**〈Let's＋動詞の原形〜 .〉**で「〜しましょう。」の意味。*A*「公園に行きましょう。」*B*「わかりました。」

(2)主語が **3 人称単数で現在**の疑問文なので，Does を主語の前に置く。*A*「あなたのお姉さん[妹さん]は音楽が好きですか。」*B*「はい。彼女はよく家でCD を聞きます。」

(3)can を使って答えているので，疑問詞 What のあとも can を使った疑問文にする。*A*「あなたは向こうに何が見えますか。」*B*「私はライオンが見えます。」

(4)命令文は動詞の原形で始める。**be 動詞の原形は be**。*A*「ジャック，あなたのお友達に親切にしなさい。」B「わかったよ，ママ。」

> **弱点チェック** 一般動詞の s，es のつけ方
> ・原形の語尾に s をつける
> 例 come → comes，know → knows
> ・s，x，ch，sh，(子音字＋o) で終わる語
> …es をつける
> 例 teach → teaches，go → goes
> ・(子音字＋y) で終わる語
> …y を i にかえて，es をつける
> 例 study → studies，try → tries

3 (1)「英語の先生」を「英語を教える人」と考え，teach＝「教える」を入れる。主語は 3 人称単数で，現在の文。「加藤先生は私たちに英語を教えます。」

(2)「よいテニス選手」を「上手にテニスをする人」と考える。「彼は上手にテニスをします。」

(3)「雨が降る」を We have rain と書きかえる。「ここではたくさん雨が降ります。」

(4)「学校までバスに乗る」を「バスで学校に行く」と書きかえる。**〈by＋交通手段〉**で「〜で」の意味。このとき，交通手段の前に a，an，the はつけない。「彼女はバスで学校に行きます。」

> **解き方のコツ** 一般動詞を使った文の書きかえ
> (2)a tennis player → play tennis のように，「〜する人」を一般動詞を使って書きかえられるものを覚えておく。
> 例 a good singer「よい歌手」
> → sing well「上手に歌う」
> a careful driver「注意深い運転手」
> → drive carefully「注意深く運転する」

4 (1)命令文なので，動詞の原形を入れる。

(2)「音楽を聞く」＝listen to music。listen は一般動詞。主語の My brother が 3 人称単数で現在の文。

5 (1)主語が I から Yuriko(3 人称単数)になるので，study を studies にかえる。「ユリコは毎晩，家で数学を勉強します。」

(2)主語が 3 人称単数で現在の一般動詞の否定文は，**〈doesn't[does not]＋動詞の原形〉**。「私の姉[妹]は教室で昼食を食べません。」

(3)「〜できる」は **can**。あとの**動詞は原形**。「ケンジは英語で手紙を書くことができます。」

(4)語群の中に主語になれるものがないので**〈Don't＋動詞の原形〜 .〉**「〜してはいけません。」という命

令文と考える。「あまりにも速く運転してはいけません。」

6 (1)「始まる」＝start[begin]。主語のMy[Our] schoolは3人称単数。「私の学校は8時半に始まります。」

(2)「読書をする」＝read(books[a book])。自分のことなので，主語はIで，現在形で表す。「私は昼食後，図書館で本を読みます。」

第3日 名詞と代名詞

⇒p.48～p.49

1 (1)ウ　(2)ウ　(3)イ　(4)イ

2 (1)March　(2)weather
(3)Wednesday　(4)seasons

3 (1)a　(2)lunch　(3)birds　(4)the
(5)a[one]　(6)the

4 (1)(p)aren(t)　(2)(t)omorro(w)
(3)(h)ospita(l)　(4)(A)ugus(t)

5 例　・About a[one] hundred people [students] enjoy the games every year.
・Each[A] team has nine players.
・Everyone[Everybody] can get a pencil and a notebook.

解説

1 (1)**〈play＋the＋楽器名〉**で「(楽器)を演奏する」の意味。「あなたのお兄さん[弟さん]はピアノをひきますか。」

(2)あとに複数形が続いていることに注目。**much**は**数えられない名詞**に使う。「私はあなたにたくさんの質問があります。」

(3)あとに名詞が続いていることに注目。「あなたの教科書」とする。「教科書の7ページを開きなさい。」

(4)主語はthisなので，**単数形**。また，前にyourがあるときは，aやanはつかない。*A*「これはあなたのお気に入りの本ですか。」*B*「はい，そうです。」

2 (1)「日本では，学年は4月に始まり，3月に終わります。」

(2)「ニューヨークの天気はどうですか。」「今日は晴れです。」

(3)「水曜日は火曜日と木曜日の間の日です。」

(4)「春，夏，秋，冬は季節を表す言葉です。」

弱点チェック　名詞の複数形の作り方

・語尾にsをつける
例　cat→cats，tree→trees

・s，x，sh，ch，(子音字＋o)で終わる語
…esをつける
例　bus→buses，box→boxes

・(子音字＋y)で終わる語
…yをiにかえてesをつける
例　city→cities，baby→babies

・f，feで終わる語
…f，feをvにかえてesをつける
例　leaf→leaves，knife→knives

3 (1)**初めて話題に出てくる**名詞の前では**a／an**を使う。parkにはaを使う。

(2)lunch＝「昼食」「昼食を食べる」という意味のときには，aやtheはつかない。

(3)前に複数を表す語があるので，**複数形**の名詞を入れる。

(4)in the sky＝「空に」　空は**1つしかない**ので，a／anではなく，**the**をつける。

(5)絵から「1匹」を表す語を入れる。「1匹のイヌも見えます。」

(6)parkが出てくるのは**2度目**なのでtheがつく。「男性と彼のイヌは公園を走っています。」

〈全訳〉

これは公園の写真です。男の子と女の子が昼食を食べています。空に5羽の鳥が見えます。1匹のイヌも見えます。男性と彼のイヌは公園で走っています。

解き方のコツ

〈a／anを使うとき〉

・初めて話題に出てくる名詞の前
This is a birthday present for you.
「これはあなたへの誕生日プレゼントです。」

・「1つ」を表す名詞の前
I have a[one] pen in my bag.
「私はかばんに1本のペンを持っています。」

〈theを使うとき〉

・すでに話題に出ている名詞の前
I have a dog.　Look at this picture.
This is the dog.
「私はイヌを飼っています。この写真を見て。これがそのイヌです。」

・状況からその名詞がどれを指すかわかるとき
Please open the door.

「ドアを開けてください。」
・空，太陽，月，地球，宇宙など，１つしかないもの
Look at the moon in the sky.
「空の月を見なさい。」

4 (1)「親とはだれかの父親や母親のことです。」
(2)「昨日は今日の前の日で，そして明日は今日のあとの日です。」
(3)「多くの医者が病院で働きます。」
(4)「８月は１年の８番目の月です。」

5 ・「毎年，約100人の人々[生徒]が試合を楽しみます。」という文にする。主語は「約100人の人々[生徒]」。「～を楽しむ」＝enjoy
・「それぞれの[１つの]チームには９人の選手がいます。」という文にする。「それぞれの」＝each。each は単数扱いなので，has＝「～がいる，ある」を使う。
・「全員がえんぴつとノートを手に入れることができます。」という文にする。Everyone[Everybody]＝「全員」を主語にする。

第4日 形容詞と副詞

⇒p.50～p.51

1 (1)イ (2)ア (3)ウ
2 (1)important (2)free (3)often
3 (1)ウ (2)イ
4 (1)(k)ind (2)(e)asy (3)(t)welve (4)(h)ungry (5)(u)sually
5 例 (1)Let's have[eat] lunch together.
(2)My brother plays soccer well. /My brother is a good soccer player.

解説

1 (1)「たくさんの人々が彼を知っています。」から，「人気のある」歌手だと考える。*A*「あなたはこの歌手を知っていますか。」*B*「はい，もちろんです。たくさんの人々が彼を知っています。彼は今，とても人気があります。」
(2)「日本語を使いますか」という質問に対して No と答えているので，「いつも英語を使っている」と考える。*A*「ジョージはメールで日本語を使いますか。」*B*「いいえ，使いません。彼はいつも英語を使います。」
(3)( )のあとに名詞がないので，interesting の前に a や an は入れない。*A*「あなたはこの本を知っていますか。」*B*「はい，それはとてもおもしろいです。」

2 (1)「大切な」＝important
(2)「ひまな」＝free
(3)「よく」＝often

解き方のコツ
頻《ひん》度を表す副詞をまとめて覚えよう。
100％ （頻度が高い）
always いつも
usually ふだんは，たいてい
often よく
sometimes ときどき
never 一度も～ない
0 ％ （頻度が低い）

3 (1)Thank you.＝「ありがとうございます。」と答えているので相手の依頼を受け入れる表現を選ぶ。*A*「私の宿題を手伝ってください。」*B*「わかりました。」A「ありがとうございます。」
(2)That's too bad. は残念だということを表す表現。*A*「私は今日の山形でのコンサートに行けません。母が病気なんです。」*B*「お気の毒に。」

4 (1)「親切な」＝kind 「あなたのおじいさんはとても親切で，よく私たちを助けてくれます。」
(2)「簡単な」＝easy 「だれでもこの問題に答えることができます。それは難しくありません。それはとても簡単な問題です。」
(3)「12の」＝twelve 「１年は12か月あります。」
(4)「おなかがすいた」＝hungry 「私はとてもおなかがすいています。ママ，夕食は何ですか。」
(5)「ふだんは，たいてい」＝usually *A*「あなたはひまなときに何をしますか。」*B*「私はふだん，私のイヌのポチと遊びます。私は彼が大好きです。」

弱点チェック
文中での使い方がちがう語に注意
・This is my book.
　↳「これは」…主語
（これは私の本です。）
・This book is very old.
　↳book を修飾「この」
（この本はとても古いです。）
・What kind of food do you like?
　↳「種類」の意味(名詞)
（どんなの種類の食べ物が好きですか。）
・He is very kind. （彼はとても親切です。）
　↳「親切な」の意味(形容詞)

5 (1)「いっしょに」=together　相手を誘うときは「〜しましょう。」=〈Let's+動詞の原形〜.〉を使う。「いっしょに昼食を食べましょう。」

(2)「サッカーをすることが上手だ」を「サッカーを上手にする」と考える。「私の兄はサッカーを上手にします。」/「私の兄はよいサッカー選手です。」

第5日　疑問詞

⇒p.52〜p.53

1 (1)エ　(2)イ　(3)エ

2 (1)How　(2)What[Which]
(3)How, many　(4)What, time

3 (1)Why, winter　(2)much
(3)Whose, Who　(4)When

4 (1)イ　(2)エ

5 (1)What kind of festivals do you have
(2)Which bus goes to the

6 例 (1)Where are you from? / Which country do you come from?
(2)What Japanese food do you like? / What kind of food do you like in Japan?

解説

1 (1)疑問詞 Where のあとは疑問文の語順。*A*「あなたのおばさんはどこに住んでいますか。」*B*「彼女は高知に住んでいます。」

(2)Which は「どの，どちらの」の意味。**〈Which＋名詞〉**が主語。*A*「どちらのかばんがジロウのものですか。」*B*「あれが彼のです。」

(3)主語の these coins は複数。Whose はここでは「だれのもの」の意味。*A*「これらのコインはだれのものですか。」*B*「それらはトムのものです。」

弱点チェック

主語と動詞に注目して疑問文を作る。
Where (　) you live?
(あなたはどこに住んでいますか。)
→一般動詞 live があるので，do を入れる。
When (　) your birthday?
(あなたの誕生日はいつですか。)
→一般動詞がないので，主語に合わせて is を入れる。

2 (1)How=「どのように」で，**手段**をたずねる。*A*「あなたはどのようにして学校に来ますか。」*B*「バスで来ます。」

(2)**〈What＋名詞〉**の語順。*A*「あなたは午後に何の授業がありますか。」*B*「英語の授業です。それはとても楽しいです。」

(3)**〈How many＋複数名詞〉**で，**数**をたずねる。*A*「あなたは毎月，何冊の本を読みますか。」*B*「私は3冊読みます。」

(4)What time で時刻をたずねる。*A*「そのレストランは何時に開きますか。」*B*「11時です。」

解き方のコツ

〈How＋形容詞・副詞〉の意味
How tall is he?
(彼の身長はどれくらいですか。)
How far is your house from here?
(ここからあなたの家までどれくらいの距離ですか。)
How often do the trains run?
(電車はどれくらいの間隔で走っていますか。)

3 (1)夏が好きな**理由**を答えていると考え，Why=「なぜ」を入れる。*A*「私は夏が大好きです。」*B*「どうして夏があなたのお気に入りの季節なのですか。」*A*「夏は海で泳げるからです。あなたはどうですか。」*B*「私は冬が好きです。スキーが大好きです。」

(2)How much で**値段**をたずねる。*A*「この本はいくらですか。」*B*「500円です。」

(3)**持ち主**をたずねるときには Whose を使う。*A*「それは大きな車です。それはだれの車ですか。」*B*「カトウ先生のです。」*A*「カトウ先生とはだれですか。」*B*「彼は私たちの担任の先生です。」

(4)誕生日を答えているので，When=「いつ」を入れる。*A*「あなたの誕生日はいつですか。」*B*「4月10日です。」

4 (1)What's the date 〜? は**日付**をたずねる表現。*A*「今日は何日ですか。」*B*「7月20日です。」

(2)How do you say 〜?=「〜を何と言いますか。」「花火を英語で何と言いますか。」

5 (1)kind of, what から**〈What kind of 〜〉**=「どんな種類の〜」という疑問文と考える。あとに，疑問文の語順を置く。「どんな種類の祭りがありますか。」

(2)文末の museum から，goes to the museum を作り，主語の Which bus を文のはじめに置く。「どのバスが博物館へ行きますか。」

✔ 弱点チェック

疑問詞が主語のときの疑問文

<u>My mother</u> cooks breakfast every day.

（私の母が毎日，朝食を作ります。）

→下線部をたずねる疑問文を作る

Who cooks breakfast every day?

（だれが毎日，朝食を作りますか。）

→〈do[does]＋主語＋動詞の原形〉の形にはならない

6 (1)〈be 動詞＋from＋出身地〉で「〜出身」という意味。また，Which country「どの国」を使ってもよい。「あなたはどこ出身ですか。」/「あなたはどの国から来ていますか。」

(2)What (kind of) Japanese food は「どんな（種類の）日本の食べ物」という意味。「あなたはどんな日本の食べ物が好きですか。」/「あなたは日本のどんな種類の食べ物が好きですか。」

第6日 be 動詞・一般動詞の過去形

⇒p.54〜p.55

1 (1)visited (2)gave (3)eating (4)running

2 (1)ウ (2)ウ (3)エ

3 (1)saw (2)took (3)doing (4)lost

4 (1)had (2)didn't，know (3)Did，study (4)was，reading

5 (1)I wasn't listening to music (2)Where did Mary go with

解説

1 (1)yesterday があるので，過去形にする。visit は**規則動詞**。「私は昨日東京を訪れました。」

(2)last Tuesday があるので，過去形にする。**give は不規則動詞**。「私の父はこの前の火曜日，私にこの本をくれました。」

(3)直前に was があるので，過去進行形**〈was[were]＋動詞の〜ing 形〉**の文にする。「私はそのとき昼食を食べていました。」

(4)直前に were があるので過去進行形の文にする。run の ing 形は n を2つ重ねることを忘れない。

✔ 弱点チェック

過去形の作り方

・原形の語尾に ed をつける

例 enjoy → enjoyed，help → helped

・e で終わる語… d をつける

例 like → liked，use → used

・（子音字＋y）で終わる語

…y を i にかえて ed をつける

例 study → studied，try → tried

・（短母音＋子音字）で終わる語

…最後の子音字を重ねて ed をつける

例 stop → stopped

2 (1)yesterday があるので，過去形を選ぶ。**fly は不規則動詞**。「私は昨日，成田からここへ飛行機で来ました。」

(2)last year があるので，過去形を選ぶ。**live は規則動詞**。「私たちは昨年，ロンドンに住んでいました。」

(3)直前に was があるので過去進行形の文にする。「今朝8時に雨が降っていました。」

✔ 弱点チェック

代表的な過去を表す語（句）を覚えておこう。

・yesterday 「昨日」

→yesterday morning 「昨日の朝」

・〜 ago 「〜前」

→two days ago 「2日前」

・last 〜 「この前の〜」

→last summer 「この前の夏」

・then 「そのとき」

・at that time 「当時，そのとき」

3 (1)あとに yesterday があるので，*B* の文にある see を過去形にして入れる。*A*「私は昨日，あなたのお姉さん[妹さん]に会いました。」*B*「本当ですか？どこで彼女に会いましたか。」

(2)疑問文に did があるので過去の文。take を過去形にして入れる。*A*「あなたはいつあの写真を撮ったのですか。」*B*「私は夏にそれを撮りました。」

(3)過去進行形の疑問文でたずねられているので，過去進行形で答える。do one's homework＝「〜の宿題をする」

(4)「それ（＝腕時計）を見つけられなかった」から，腕時計をなくしたと考える。*A*「何があったのですか。あなたは悲しそうに見えます。」*B*「私は私の腕時計をなくしてしまい，それを見つけることができませんでした。」

4 (1)enjoy＝「～を楽しむ」を have a good time ＝「楽しい時間を過ごす」と書きかえる。過去の文にすること。「私たちはパーティーでとても楽しい時間を過ごしました。」

(2)一般動詞の過去の否定文は**〈didn't[did not]＋動詞の原形〉**の語順。ここでは空所の数から，短縮形にする。「彼は彼女の住所を知りませんでした。」

(3)**Did を主語の前**に置き，**動詞は原形**。「あなたはこの前の土曜日，理科を勉強しましたか。」

(4)主語が 3 人称単数で，動詞が read なので，ここでの read は過去形だとわかる。過去形を進行形にするので過去進行形**〈was[were]＋動詞の～ ing 形〉**にする。

5 (1)wasn't があるので，過去進行形の否定文。**〈wasn't＋動詞の～ ing 形〉**の語順。「私はそのとき音楽を聞いていませんでした。」

(2)疑問詞 Where を文のはじめに置く。did があるので，**疑問詞を使った一般動詞の過去の疑問文**にする。Where のあとは疑問文の語順。「メアリーはタロウとどこへ行きましたか。」

第7日 仕上げテスト〔英語〕

⇒p.56～p.57

❶ (1)fifth (2)wives (3)full (4)zoo

❷ (1)left, for (2)weren't, sleeping (3)mountain, river

❸ (1)sent (2)swimming

❹ (1)ウ (2)イ

❺ (1)did, go (2)are (3)or

❻ (1)ア (2)ウ (3)ア (4)イ

❼ 例Wow! Why are you carrying so many boxes, Dad? OK, just a minute. / OK, Dad. I can help you. Rocky, stay here. / Sorry, I can't help you now. I'm washing Rocky.

解説

❶ (1)数詞と序数詞の関係。A「1—1 番目(の)」，B「5—5 番目(の)」

(2)名詞の単数形と複数形の関係。A「足」，B「妻」

(3)反意語の関係。A「簡単な—難しい」，B「からの—いっぱいの」

(4)置かれている場所，いる場所。A「絵—美術館[博物館]」，B「動物—動物園」

❷ (1)「～に向かって出発する」＝leave for ～。**leave は不規則動詞**。

(2)過去進行形の否定文**〈wasn't[weren't]＋動詞の～ ing 形〉**にする。「眠る」＝sleep sleep－sleeping

(3)「山」＝mountain，「川」＝river。

❸ (1)あとにasked(ask の過去形)があるので，過去形にする。**send は不規則動詞**。「彼女は新聞社に手紙を送り，そのニュースについてたずねました。」

(2)直前に was があるので過去進行形の文にする。swim の～ ing 形は，m を 2 つ重ねることを忘れない。

❹ (1)How high で**高さ**をたずねる。*A*「富士山は日本の山ですよね。それはどれくらいの高さですか。」*B*「3,776 メートルです。」

(2)Can I speak to ～？は，電話で「～さんと話せますか，～さんはいらっしゃいますか。」という表現。*A*「もしもし，マイクです。」*B*「こんにちは，マイク。こちらはジュンコです。」*A*「あなたのお父さんはいらっしゃいますか。」*B*「すみません。彼は家にいません。」

解き方のコツ

電話での表現

・電話を受けるとき

Hold on, please.（そのままお待ちください。）

You have the wrong number.（まちがい電話です。）

She is out now.（彼女は外出中です。）

・電話をかけるとき

Can I speak to Maki?（マキさんと話せますか。［マキさんはいらっしゃいますか。］）

Can I leave a message?（伝言を残せますか。［伝言をお願いできますか。］）

❺ (1)答えの文の went は go の過去形。一般動詞を使った過去の疑問文。Where のあとは疑問文の語順。*A*「あなたは昨日，どこへ行きましたか。」*B*「私は公園へ行きました。」

(2)現在進行形の疑問文。疑問詞 What のあとは主語のthey に合う be 動詞を置く。*A*「彼らは何をしていますか。」B「彼らは木の下に座っています。」

(3)「A それとも B」＝A or B *A*「あなたは青と白とでは，どちらの色が好きですか。」*B*「私は青が好きです。」

❻ (1)How は「どのようにして」の意味。*A*「あなたは毎日どのようにして学校に来ますか，メアリ

ー。」*B*「私は電車で学校に来ます。」

(2)Can I help you? は「お手伝いしましょうか。」という表現。*A*「私はこのかばんを運べません。大きすぎます。」*B*「お手伝いしましょうか。」

(3)「1月に夏休みがあります」から，1月が暑い季節の国だと考える。*A*「私たちは夏休みが1月にあります。私の国では，1月はとても暑いです。」*B*「ああ，私はそれについて聞きました。それぞれの国で，いろいろなことがちがっているのですね。」

(4)過去進行形の疑問文への応答の文を選ぶ。*A*「あなたとトムはそのレストランで昼食を食べていましたか。」*B*「いいえ，食べていませんでした。私たちは私たちの家で昼食を食べていました。」

❼ お父さんに対して「なぜ運んでいるの？」や，help「手伝う」を使って，「手伝うよ！」などの英文を作る。また，自分が今，手伝えない状況であるという文を作ってもよい。解答例の訳：「わぁ！　お父さん，どうしてそんなにたくさんの箱を運んでいるの？　わかった，ちょっと待って。/ わかったよ，お父さん。手伝えるよ。ロッキー，ここにいてね。」/「ごめんなさい，今，手伝えないよ。ぼくはロッキーを洗っているんだ。」

国語 Japanese

第1日 漢字と語句

⇒ p.71〜p.70

1 (1)エ　(2)ウ　(3)イ　(4)ア　(5)ウ　(6)イ　(7)ア　(8)エ

2 例貨―通貨・貯―貯金・費―出費

3 エ

4 (1)オ　(2)エ　(3)イ

5 (部首名)きへん　(二字の熟語)例植物

6 ウ

7 イ

8 (1)ウ　(2)ア　(3)イ　(4)エ

9 (1)こん　(2)さく　(3)こく　(4)はい　(5)しょう　(6)たん

10 (1)イ　(2)エ　(3)ア

11 (1)お(う)　(2)そな(える)　(3)にが(い)　(4)さいわ(い)　(5)さば(く)　(6)おさ(める)

12 (1)消える　(2)浴びる　(3)試みる　(4)営む　(5)改める　(6)短い

解説

1 **六書**は漢字を成り立ちや用法によって六種類に分類したもの。**形声文字**は，意味を表す部分と音を表す部分を組み合わせて作られた漢字。**会意文字**は，二つ以上の漢字を組み合わせて，新しい意味を表した漢字。**象形文字**は，物の形をかたどって作られた漢字。**指事文字**は，位置や数量などの抽象《ちゅうしょう》的な概念《がいねん》を線や点で表して作られた漢字。他には**転注文字**(本来の意味に関係する別の意味に転用された漢字)と**仮借文字**(文字で表すことができなかった事柄《ことがら》を，漢字の音だけを借りて表した漢字)がある。

2 他に，買―売買，貸《たい》―貸借，賃―賃料，などがある。

3 「定」の部首は，「うかんむり」で三画。**ア**「空」は，「あなかんむり」で五画。**イ**「祈」は，「しめすへん」で四画。**ウ**「点」は，「れんが(れっか)」で四画，**エ**「奇」は，「だい」で三画。

5 楷書で書くと「植」となり，部首は「きへん」。二字熟語は他に，「移植」「植林」などがある。

6 「コウ築」の「コウ」は「構」と書き，訓読みは「かま(える)」「かま(う)」。**ア**「降った」，**イ**「好きだ」，**エ**「耕した」。

7 例文の読みは「なっとく」。**ア**「のうにゅう」，**イ**

「なっとう」，ウ「しゅうのう」，エ「なんど」，オ「すいとう」。

8 (1)象形文字，(2)会意文字，(3)形声文字，(4)指事文字。それぞれにあたるものを選ぶ。

9 (1)「困難」，(2)「策略」，(3)「時刻」，(4)「背景」，(5)「将来」，(6)「探検」などの熟語を踏まえて考える。

11 (1)「負ける」，(3)「苦しい」，(4)「幸せ」，(6)「治る」など，訓読みを複数もつものもある。送り仮名の違《ちが》いに注意する。

第2日 言葉のきまり

⇒ p.69～p.68

1 (1)キ (2)コ (3)イ (4)オ (5)ク (6)カ (7)ウ (8)ア (9)エ (10)ケ

2 エ

3 (1)8 (2)4 (3)7 (4)8 (5)6

4 イ

5 (1)①ウ ②イ ③ア ④オ
(2)①ア ②イ ③イ ④イ

6 (1)例入れている
(2)イ

解説

2 用言である，動詞・形容詞・形容動詞を探す。「欲しく」「ない」「答え」「少なくっ」「きれいだ」「言っ」「ほめ」の七つ。

3 **文節**とは，意味がわかる範囲《はんい》で，発音上不自然にならないように，できるだけ文を短く区切った一まとまりのこと。「ネ・サ」などを入れて自然に切れるところが，文節の切れ目になる。

4 「ゆっくり」は副詞で，動詞「歩く」を修飾している。

5 (1)①「熱心に」は「勉強する」にかかる修飾語。②は主語のない文で，「準備する」は「ペンとインキを」の修飾部を受ける「述語」。③「雨が」は「降る」の「主語」になる。④「四月九日」は「提示」の働きをする「独立語」である。

弱点チェック (2)①連体修飾関係とは，**体言つまり名詞を修飾する関係のこと。ア**「小さな」は連体詞であり，名詞を含《ふく》む「子供たちが」を修飾する。**イ**「ずっと」，**ウ**「明るく」，**エ**「元気に」は，動詞を含む「遊んでいる」を修飾している。②**ア**「深いから」は理由，**ウ**「浅いのに」と**エ**「浅いが」は逆接を表す**接続の関係。**③連用修飾関係とは，**用言つまり動詞・形容詞・形容動詞**を修飾する関係のこと。**ア**「赤い」，**ウ**「きれいな」はともに名詞を含む「花が」を修飾している。**エ**「おや」はどこにもかからない独立語。④「承知しました」にかからず，独立しているのは**イ**の「はい」。**独立語**は呼びかけや応答，感動などを表す言葉で，文頭にくることが多い。

6 (1)この文の主語は「姉は」なので，主・述の関係を踏まえると，述語は「入れている」が適切。
(2)「うれしそうに」のあとに読点(、)を打てば，「お母さんはうれしそうに」で意味が切れるので，うれしそうなのは「お母さん」だけになる。

第3日 指示語・接続語

⇒ p.67～p.66

1 (1)ア
(2)花の咲く(樹木)
(3)イ
(4)合理的

2 (1)エ
(2)イ
(3)エ
(4)光速の一〇分の一
(5)例光速近くの速度で宇宙を移動するロケットをたやすく実現できない点。(32字)

解説

1 (1)「花が咲かない」樹木と「花が美しくない」樹木の二つのうちのどちらかの場合に，関心がないと述べているため，対比・選択《せんたく》を表す「あるいは」が入る。

弱点チェック **接続語(接続詞)**

- 前の事柄《ことがら》が原因・理由となり，あとに順当な結果がくる→**順接**(例だから・したがって)
- 前後の事柄が逆の関係→**逆接**(例しかし・ところが)
- 前後の事柄を比べたり，どちらかを選ぶ→**対比・選択**(例あるいは・それとも)
- 前の事柄にあとの事柄を並べたり，つけ加える→**並立《へいりつ》・累加《るいか》**(例それから・さらに)

・前の事柄をあとで説明したり補ったりする→
説明・補足(例すなわち・ただし)

(2)「そのような樹木」が指しているのは「花が咲かない」樹木や「花が美しくない」樹木で，筆者を含《ふく》む日本人が関心をもたないものである。それと対比的に述べられている樹木なので，関心のもたれている樹木に着目する。

(3)直前の「樹木が何か不思議な意思をもっているように思われて仕方がない」ことの具体例が「たとえば」以降で述べられている。

(4)樹木の計算の精密さを述べているのは直前の一文。しかし，文中で「…ように」と何かについてたとえていたり，「そのような緻密な計算」とさらに指示語があることから，それより前の文に注目する。

2 (1)直前では，「宇宙旅行は簡単であると考え」られているとあるが，あとでは「地球から五〇〇〇光年は離れている」と簡単ではないことが述べられていることから，逆接を表す「しかし」が入る。

(2)「かかるのだから」は「かかるのだ。だから」と言い換《か》えることができる。「だから」は順接を表すため，同じ順接を表す「したがって」を選ぶ。

(3)——線部②の前では，宇宙人のもとに行くためには，たとえ光速で飛行しても五〇〇〇年かかることから，「生き長らえて宇宙旅行が続けられ」ないと述べている。そのことを受けて「それだけでなく」と続いている。

(4)——線部③を含む一文に着目し，どのような場合に「五万年もかかる」のかを読み取る。ここより前で述べられている宇宙船(ロケット)の飛行速度について，現在と将来との違《ちが》いをおさえる。

(5)まず，——線部④が「科学者が宇宙人の乗り物としてのUFOを信じない」理由であることをとらえたうえで，「以上のような」にあたる内容を本文から読み取る。設問文中の一つめの内容が本文前半に書かれており，そのあとに——線部②「それだけでなく」という表現があることから，それ以降の内容をまとめるとよい。

第4日 説明的文章の読解

⇒p.65〜p.64

1 (1)ア
(2)イ
(3)例読者の期待や記事の意外性を大切にして，ニュースを素材に，日によって異なる内容で書く。

2 (1)例人間関係において，敵対するのを嫌い，白黒をはっきりさせないで，あいまいにぼかす態度。
(2)ウ
(3)イ

解説

1 (1)[A]を含《ふく》む一文の直前の文に「一律」(差をつけないこと)とあるので，「変わらない」という意味で**ア**になる。

(2)[B]朝食は「毎朝同じようなものを食べても，それが苦にな」らないばかりか，「むしろ，まったく同じものが出てくる方が」気持ちが安定する。しかし，「昼食は違う」。毎日同じものでは「うんざり」し，日によって違う献立が食べたくなる，という文脈。
[C]昼食は何が出てくるかという「意外性が大切」であるため，「毎日，前の日とは違った料理をつくることになる」，という文脈。

解き方のコツ (3)三つの言葉(なければその言葉が指す部分)を本文中から探してみる。
「読者」…日によって異なる献立を楽しみたい。コラムを読む人の気分も，これに似ている。
「素材」…ニュースを素材にする。
「内容」…異なる献立。

2 (1)「こう」「そう」などの指示語が指す内容は直前にある場合が多い。——線部の直前の二文をまとめるとよい。

(2)日本の湿気の多い気候が，「はっきりしたものを嫌う美的感覚」の文化を生み，そしてそこから「はっきりしたもののいい方や自己主張を美しくない」とする「日本人の美意識」が起こった，という文脈。

(3)日本人の「原色よりも少々水でぼかした中間色を好む」ような美的感覚は，湿気や水に囲まれた日本の気候風土からくるものであり，その傾向は，「人間関係において，敵対するのを嫌う」日本人の特徴にもあらわれている。これらの内容と**イ**が合う。

第5日 文学的文章の読解

⇒p.63～p.62

1 **(1)**ウ
(2)C
(3)ア
(4)ぼくは谷川

解説

1 **(1)**「いいものを持ってきたんだ」はポケットの中から「たすき」を取り出した古賀先生の言葉。それに対して「なんですか，これ」と質問し，ゴール直前で「もうすぐゴールだ」と言ったのは谷川くん。ゴールラインで「ここまでだぞ～」と手をふりまわしてふたりを応援《おうえん》しているのは内藤くん。

解き方のコツ **(2)**抜《ぬ》けている文の中に「なんとかもちなおした」とあることに着目し，「ぼく」と谷川くんが危なげな状態になっているところを探す。抜けている一文を本文の適切な場所に戻《もど》す問題を「**脱文挿入**」というが，脱文挿入には必ず解くカギがある。抜けている文の中に接続語，指示語，場面が限定できる言葉などがないかを探し，それを手がかりに本文のどこに戻すかを考えればよい。

(3)「前にやったときには，すぐに転びそうになっ」ていたのに，古賀先生の用意した，たすきの力は大きかった。谷川くんのかけ声に合わせて，「ぼく」も大声を出し，「懸命に足をあげ」ているうちに，だんだんふたりの歩幅が合い，リズムよく速く走れるようになった様子が，伸《の》ばす音「ー」が少しずつ消えていくことで，表現されている。

(4)「達成感」とは，何かを成しとげたときに得られる満足感のこと。したがって，ゴールしたあとの記述に着目する。「谷川くんが突き出したこぶしに，自分のこぶしを突きあてた」という行為《こうい》に，これまでうまくできなかった二人三脚ができるようになった「ぼく」と谷川くんの達成感が表れている。

第6日 古文の基礎

⇒p.61～p.60

1 **(1)**（ある）犬
(2)例 自分がくわえている肉より，水に映った肉のほうが大きいと思った（から）。（30字）
(3)③ゆえに　④うしなう
(4)イ

2 **(1)**ようよう
(2)エ
(3)②蛍（１字）　③からす（３字）
(4)をかし（３字）
(5)ウ

解説

1 **(1)**古文では，「が・は」などの**助詞**の省略に注意して，主語・述語を読み取る。本文では，「（ある）犬」の動作が描《えが》かれている。

(2)——線部②の直前に「わがくはふるところの肉より大きなる。」と心得たとある。ここを現代語に直して説明する。

弱点チェック **(3)**③歴史的仮名遣いのワ行の「ゐ・ゑ・を」は「イ・エ・オ」と読むため，現代仮名遣いでは「ゆえに」と表す。
④語中・語尾《ごび》の「は・ひ・ふ・へ・ほ」は「ワ・イ・ウ・エ・オ」と読むため，現代仮名遣いでは「うしなう」と表す。
上記以外には，以下のようなものがある。
・母音が連続する「au・iu・eu・ou」の音は，「ô・yû・yô・ô」と読む。（例 言ふやう〔yau〕→言うよう〔yô〕）
・「ぢ・づ」は「ジ・ズ」と読む。（例 よろづ→よろず）
・「くわ・ぐわ」は「カ・ガ」と読む。（例 くわし（菓子《かし》）→かし）
・語中の「む」は「ン」と読む。（例 とらむ（取らむ）→とらん）

(4)大きい肉を取ろうと欲張ったことによって両方ともなくしてしまったという犬の行動から，人間の「欲張りな行為」を戒めているのである。

現代語訳 ある犬が，肉をくわえて川を渡った。川の真ん中ぐらいまで来たとき，その犬の影が，水に映って大きく見えたので，「自分がくわえている肉より大きいぞ。」と思って，これ（自分がくわえている肉）

を捨ててそれ(水に映った肉)を取ろうとした。そのために，二つともなくしてしまった。

2 (2)「月のころ」「やみ」などから夜とわかる。

(3)――線部②の前で「蛍の多く飛びちがひたる」とあり，――線部②のあとに「ほのかにうち光りて行く」とあるので，「蛍」のことだとわかる。――線部③も同じように前とあとを見て，「からすの寝どころへ行く」「飛び急ぐ」から「からす」のことだとわかる。

(4)「いふべきにあらず」は「言うまでもない」という意味で，それまで繰《く》り返されてきた「をかし」のことを指している。

(5)「からすの……あはれなり。まいて雁などの……いとをかし」とは，からすが飛び急ぐさまさえ趣《おもむき》深いのだから，まして雁が飛ぶさまはさらに趣深いという意味なので**ウ**が誤り。

現代語訳 春は明け方(がすばらしい)。しだいに白くなっていく山際《やまぎわ》が，少し明るくなって，紫がかった雲が細くたなびいている(のは趣がある)。

夏は夜(がすばらしい)。月が出ているときは言うまでもないが，やみ夜でもやはり，蛍がたくさん飛び交《か》っている(のは趣がある)。また，ただ一匹《いっぴき》か二匹かが，ほのかに光って飛んで行くのも趣がある。雨などが降るのも趣がある。

秋は夕暮れ(がすばらしい)。夕日がさして山の端《はし》にとても近づいているころに，からすが巣に帰るというので，三・四羽，二・三羽などと飛び急ぐさまさえしみじみと趣深い。まして雁などが列を作って飛んでいるのが，とても小さく見えるのは，とても趣深い。日がすっかり沈《しず》んでしまい，風の音，虫の声など(が聞こえるのも)，また言うまでもない(ほど趣深い)。

冬は早朝(がすばらしい)。雪が降っているのは言うまでもなく，霜が真っ白なのも，またそうでなくてもとても寒いときに，火などを急いでおこして，(廊下《ろうか》などを)炭火を持って通っていくのも，とても似つかわしい。昼になって，(寒さが)しだいに緩《ゆる》んで暖かくなってくると，火桶《ひおけ》の火も白い灰ばかりになるのでよくない。

第7日 仕上げテスト〔国語〕

⇒p.59〜p.58

❶ (1)**陽光は**

(2)**湿った空気の残党**

(3)**折り合いをつける**

❷ (1)**ア**

(2)**①自殖　②ほかの**

解説

❶ (1)あとの段落の内容に注目する。例年の太陽の様子は次の段落で「遠慮がある」「躊躇」が感じられる，などと表現されているが，対して「突然猛暑になった」今年の太陽の様子は三段落目で「陽光は叩きつけるように降り注ぐ，正に怒濤の勢いである」と表現されている。

(2)――線部②の直前の「それ」は「梅雨前線に取り残されてしまった要領の悪い湿った空気の残党」のこと。ここから字数に合わせて抜き出せばよい。湿った空気がまだ乾《かわ》ききらずにいることを，筆者は「一息ついている」と表現している。

(3)茶の湯では「季節を遮断しない」とあることから，どんなに暑い日でも，なんとかしてやりすごす，という意味の言葉を探す。ここでの「道」は「手段」という意味。エアコンも扇風機もない茶室では，涼しく感じる工夫をすることが，暑さと「折り合いをつける手立て(手段)」だと述べている。

❷ (1)□の前に「ハチやアブに花粉を運んでもら」って「子孫を残す」とあるが，□のあとでは「ハチやアブが花粉を運んでくれなくても種子を残す」仕組みがあると説明されている。□のあとの内容が，前の内容から考えられることとは異なっていることから逆接を表す「ところが」が入る。

(2)①――線部の一つ前の段落にある「次善の策」とは，「最善の方法が選べなかったときに選択《せんたく》する第二の方法」という意味である。種子を残すための二つの方法のうち，ほかの生物に「花粉を運んでもら」い「ほかの個体と交配してよい子孫を残す」ことが最善の策である。それが選べないときには，「種子を残す」ために「自殖」という方法もあると説明されている。

②□の前の文に「花粉を運んでもらう」と，「ほかの個体と交配してよい子孫を残すことができる」とある。